Crónicas

Inconexas

TOMO I

José Benegas

Crónicas Inconexas es una colección de fascículos de opinión sobre los sucesos del momento y el mundo de las ideas.

www.cronicasinconexas.com

www.facebook.com/cronicasinconexas

Índice

INTRODUCCIÓN

En el 2015 comencé esta serie de publicaciones electrónicas por fascículos con el título de Crónicas Inconexas. Se trata de artículos sobre temas muy distintos de orden político, económico, sobre acontecimientos de la actualidad o debates de ideas. El formato me permite incluir textos más cortos que no requieren un desarrollo mayor y que voy pensando en el día a día.

Este tomo contiene los artículos de los primeros 12 números, tocando cuestiones como el ideal social del papa Francisco, un pontífice que interviene en la política latinoamericana con un sesgo favorable a regímenes autoritarios socialistas y que lo expresa por medio de gestos y palabras, el problema del colectivismo, la importancia de los empresarios, la educación libre, el vínculo de poder que se establece a partir del asistencialismo y fenómenos del mercado frente a los cuales la acción estatal queda desnuda como una mera defensa de intereses ilegítimos. Al final hago un análisis del comienzo del gobierno de Mauricio Macri en Argentina, a la luz de la épica y enseñanzas de la saga Star Wars, válida para otros gobiernos también. Como se ve, se trata de asuntos bastante inconexos, aunque todos tienen algo en común, que es mi inspiración fundamental a la hora de escribir, que es la ética de la libertad individual. O simplemente la ética, porque no creo para nada que a otra cosa que a la conducta libre determinada por el individuo se le pueda atribuir valor en ese campo.

Libitz, el loco

Inmediatamente después de que trascendieran detalles de la grabación de la caja negra del vuelo 4U9525 de *Germanwings* y se supiera el rol que habría tenido en el hecho el copiloto Andreas Libitz, los diarios del mundo comenzaron a publicar fotos del individuo participando en carreras corriendo con el rostro desencajado, algo que es común por el esfuerzo físico puesto en esas pruebas. No es que el periodismo estuviera interesado en crear una imagen de Libitz, sino que cae en un burdo sesgo de confirmación. Un loco que tira un avión, tiene que tener cara de loco.

Después se supo que le había anunciado a una azafata con la que había tenido una relación, que algún día haría algo que lo cambiaría todo y que su nombre sería conocido en el mundo entero. Automáticamente eso pasó a significar que se refería a estrellar este avión en los Alpes franceses y que por lo tanto lo había anticipado. Sin embargo ¿tendríamos que vigilar a todos los niños, jóvenes y adultos con sueños de grandeza porque habría que interpretarlos como el anticipo de un atentado?

Se habló también, mucho antes de que se conozca la severidad de su cuadro, de su estado depresivo. Mucha gente se preguntaba si la empresa hacía o no test psicológicos adecuados. Pero ¿la depresión lleva a la gente a estrellar aviones en Los Alpes? ¿Los psicópatas se deprimen?

La novia lo había dejado, el psiquiatra le había dicho que no estaba apto para volar y evidentemente no lo estaba. Entonces se especula con que estos personajes pueden ser detectados de alguna manera, porque en su conducta hay una "causa" ¿Cómo la compañía no tiene un dispositivo que la detecte?

No creo que nada de eso aumente la seguridad en los vuelos, al contrario. Lo que hace es tranquilizar al público frente a lo desconocido, que es la voluntad ajena, en cuyas manos estamos en algún momento. Nos sometemos a una operación y no tenemos idea de cuál es la situación psíquica del anestesista o si la novia lo dejó. Tampoco tenemos noticias del ánimo del taxista o del policía armado que está en la esquina. No todo cabe en un formulario o puede ser previsto, como se pretende implicar

Lo que sabemos es que por una regulación general las puertas de las cabinas están blindadas y que desde adentro se puede impedir cualquier ingreso. Sabemos además ahora que eso es peligroso si un copiloto loco quiere hacer estrellar al avión. Pero todavía no sabemos lo que no sabemos y esa es la gran cuestión. La presunción de seguridad total es ilusoria. Puede haber una solución "técnica" provisoria a esta particular amenaza de un piloto o copiloto en el mundo, de la que se cree hubo otros diez casos en los últimos cuarenta años, en un universo de más de 30 millones de vuelos anuales. Pero el riesgo de la imprevisibilidad de la conducta humana no se puede evitar.

Según la OMC, se producen cerca de 1.24 millones de muertes por año en accidentes de tránsito en el mundo; por día cerca de 3400. En 2014, un año alto en víctimas, las muertes por accidentes de avión están al rededor de 700, menos de 2 diarias. Es claro que el avión es mucho más seguro que otros medios de transporte. El problema es que se le presta más atención a lo que ocurre en vuelo porque nos genera mayor temor. Un accidente de avión en cualquier lugar del planeta, es registrado por la prensa mundial.

Pero el caso de Libitz es tan particular como lo sería el de un chofer de ómnibus suicida. No estoy seguro de que pueda ser puesto en las estadísticas de "accidentes".

Ahora, ya que vimos como el dogma de la cabina blindada genera nuevos peligros no previstos, podríamos pensar si la solución para una situación de riesgo inevitable es la regulación centralizada o el criterio particular de las compañías. Mientras lo común en estos casos es poner atención a la regulación general y a como eventualmente castigar a la compañía que no previó lo mismo que tampoco previó la autoridad, se podría pensar si la solución no es la multiplicidad de planes, algo que ningún autor de un atentado pueda abarcar, junto con la multiplicidad de experiencias de ensayo y error, que es en definitiva como avanza el conocimiento humano.

Mi percepción es que en la lucha que se ha desatado entre la aviación aerocomercial y quienes atentan contra ella, el miedo conduce a la solución mágica por antonomasia, que es la "autoridad experta" que lo resuelva todo y en cuya cabeza se pueda colgar la responsabilidad cuando ocurra lo imprevisible.

LAS ARMAS DE LA LIBERTAD
UN INDIVIDUO RESISTENTE LLAMADO CODY WILSON

Cody Wilson es un joven de Arkansas, residente en Texas, que estudió derecho hasta el segundo año, al que la revista *Wired* ha sindicado como *"una de las quince personas más peligrosas del mundo"*. Sin embargo Cody no gobierna ningún país, ni integra un grupo terrorista o maneja una autoridad centralizada de educación de la población. Apenas es impulsor de una iniciativa denominada *defense distributed*, que diseñó un arma que puede ser completamente fabricada mediante una impresora 3D. Es decir, por cualquiera, en la medida en que esta tecnología siga su proceso natural y se abarate.

Wilson no está tratando de imponer una religión o someter a la población a su forma de vivir, su fin es manifiestamente defensivo, nada tendría que temer *Wired* al respecto. Pero en la fantasía de mucha gente que cualquiera tuviera un arma significaría que cualquiera nos puede disparar. El problema es que debido a muchos sobreentendidos no advertidos, no asumen el peligro de que cualquier gobierno tenga armas o, peor, que las tenga todas, como si fuera más controlable el estado que nuestro vecino. O que hoy no cualquiera tiene armas, pero los asesinos si.

Este es un viejo debate en los Estados Unidos que se relaciona con la segunda enmienda que establece que *"el derecho del pueblo a poseer y portar armas, no será infringido"*. Se actualiza permanentemente cuando algún alterado produce una matanza en un *shopping* o en una escuela. El mundo que imaginan los que quieren abrogar la segunda enmienda, es uno donde los locos violentos disparan por la calle de modo irracional y por puro placer. Pero ¿podrían esos individuos peligrosos operar en un contexto en el que mucha gente estuviera armada? ¿Cuándo duraría su fantasía de poder ilimitado?

Hay varios dilemas acá. El primero es que creemos vivir dentro de un cascarón protector, que no es tal y, el segundo, asociamos ser pacíficos a permanecer débiles. Aclaro de cualquier manera que comparto con muchas personas el que no me sentiría cómodo con un arma en la cintura, exhibiéndola y mucho menos teniendo que usarla. Pero un Cody Wilson y el tipo de inseguridad sistémica que padecen muchos países latinoamericanos, me enseñan que debería superar la composición de lugar que me limita en ese sentido. Creo en el derecho de todo el mundo a defenderse y por lo tanto a hacerse de los medios para conseguirlo. Pero voy más allá de eso, a que tal vez sea indispensable que la población general se habitúe a las armas, se entrene para tenerlas y defenderse y comprenda el vínculo político de otra forma. Siempre tratando de preservar aquello que por error estamos considerando ya preservado, que es la paz.

Creo que podría definir al mercado como el ámbito en el cual el uso de la violencia en los intercambios está excluido. Se trata, en otras palabras, de la economía de la gente pacífica. Lo complicado es que la gente pacífica requiere protección, visto que no todo el mundo está dispuesto a dejar la violencia de lado, incluso en muchos casos para llevar a cabo su propia versión del "bien". Por lo tanto, la gente pacífica también tiene que plantearse la hipótesis de saber usar la fuerza para repeler el uso de la fuerza.

En la doctrina liberal clásica, el estado detenta el "monopolio del uso de la fuerza", pero en realidad se trata de la exclusividad para hacer justicia mediante el uso de la fuerza. El derecho de defensa no se cede, pero el estado que se vuelve un centro de intereses, ha ido transformando aquella exclusividad en una sociedad inerme, ideal para la arbitrariedad política y para los asaltantes callejeros.

Aquí creo que reside lo que nos inquieta, porque hemos sido desactivados en nuestros instintos. Es el hecho de imaginar que en última instancia la relación con el estado o con el delincuente en la calle, termine en un enfrentamiento armado. Preferiríamos declaraciones, debates civilizados y votos. ¿Pero acaso la última instancia de la voluntad estatal no es el uso de la fuerza? En un reportaje que le hace Glenn Beck, Cody Wilson expresa su visión constitucional sobre el problema de esta manera:

"Ese es un verdadero acto político, darte un cargador, decirte que nunca se te quitará. Eso es realismo político. Eso se igualdad radical. Eso es en lo que creo... Sólo estoy resistiendo ¿Qué estoy resistiendo? No lo se ¿la colectivización de la producción?, ¿la institucionalización de la mente humana? No estoy seguro. Pero puedo decirle una cosa: este es un símbolo de irreversibilidad. Nunca podrán erradicar las armas de la Tierra".

El punto es ¿tenemos la paz o debemos lograr la paz? ¿La paz se consigue pacífica o pasivamente? Tan crucial es esta cuestión que nos pone frente a otros problemas que han complicado nuestra existencia, como los internacionalmente concebidos "derechos humanos". Quedemonos con el aspecto positivo liberal de los derechos humanos, mi problema aquí es con la posición *paternalista-esclava* que asumen los defensores de la libertad, quienes se ponen a cargo del bienestar de sus enemigos. Algo por lo cual sus enemigos no se interesan, por supuesto. Pero no quiero abrir más el tema para no irme por las ramas, sólo quería asociar la idea para ver si acaso aquí no está el núcleo de la cuestión de por qué hasta la fecha los llamados derechos humanos son abiertamente aplicados con parcialidad y oportunismo por sus peores enemigos.

Creo que estamos muy convencidos de haber logrado la paz, pero el avance del estado sobre la vida de la sociedad es abrumador desde el gran inicio del proceso liberador con la independencia de los Estados Unidos. Más que en paz, los ciudadanos parecen vencidos. La paz consiste en este caso en que no hay resistencia. El monopolio de la fuerza tiene a su disposición cada vez una información más exhaustiva sobre los individuos y los puede manejar a su antojo. Pero la prueba más palpable es esta visión distorsionada que tenemos de nuestra situación, es la alarma que despiertan individuos como Cody Wilson, que no son asaltantes, ni organizadores de un ejército revolucionario con fines totalitarios. Son todo lo opuesto a eso y su fuerza sólo los asocia en el imaginario general con violencia y peligro. Porque eso quiere decir que imaginamos la paz nada más que como una renuncia voluntaria de los violentos al peso de una prédica ética y hemos aceptado sin dudas que el poder es nuestro protector, aún acercándose cada vez más a ser nuestro amo.

La cuestión es si los gobiernos omnipresentes hubieran llegado tan lejos si no hubieran logrado una población débil, que ve en su debilidad la virtud del pacifismo. Incluso que tan relacionado está el rechazo por la misma población a imaginarse armada, con su sometimiento a la debilidad y cuál es el tipo de vínculo que de eso resulta con el poder.

LOS CAMINOS DEL INFIERNO

La apelación al gobierno es la apelación a la violencia organizada ¿Puede alguien negar esto? El gobierno no es un consejero ni un benefactor. Cuando se lo llama, se llama al más fuerte.

El mayor problema lo encontramos con las *causas nobles*. Si llamamos a la violencia para repeler una agresión, tiene su lógica y su justificación. Si lo hacemos para doblegar a los disidentes, tiene su lógica pero no su justificación. Ahora, si queremos que el estado se use simplemente para "hacer cosas buenas", entonces no tiene ni lógica ni justificación.

Hay una profunda convicción autoritaria en aquellos que escuchan el discurso liberal que des-legitima al estado para cosas como "repartir bienes" y sólo lo pueden ver como un acto de mezquindad. Eso quiere decir que se tiene tan naturalizado el ejercicio de la violencia pública que no se puede ver siquiera que el medio utilizado cambie el valor de los actos. Está asumido como normal y a su negación como lo anormal.

En este siglo y en el anterior, el principal enemigo de la libertad no es el "mal" en sí, sino este "bien" autoritario que corrompe profundamente a la política y quebranta los lazos sociales.

Me gusta la idea que hay detrás de la alegoría del inicio del infierno, que viene muy a cuento. Quién lo crea, justamente, es el más bueno.

LA SECRETA ESPERANZA DE QUE LOS CANDIDATOS MIENTAN

En las elecciones de 2007 mucha gente sostenía que era mejor que ganara el kirchnerismo, para que tuviera que pagar las consecuencias de su administración y su proyecto autoritario se agotara. Detrás está la fantasía de que la propensión del sistema al populismo, desde Yrigoyen y Perón para acá, se curaría, ya sin golpes de estado, con el aprendizaje inevitable de la racionalidad democrática. El plan no funcionó.

No puede funcionar porque el estatismo anula los supuestos de la racionalidad y el aprendizaje democrático. Si no hay igualdad ante la ley, algo que la idea de "clases" y reparto político de bienes entre ellas fulmina, el estado se transforma en un botín. No es el ámbito de la resolución de los problemas públicos, como la seguridad, la justicia, los caminos (mientras sean públicos), sino de los problemas privados económicos y no económicos. Por lo tanto la política ya no es algo común sobre cuestiones comunes, para unos es la fuente de la salvación y para otros la ruina. El resultado político general no importa, salvo a los que no son estatistas que, por el peso mismo de los incentivos, son cada vez menos. Ahora el trabajo de convicción a una ciudadanía supuestamente racional, no se circunscribe a por qué es mejor que el gobierno no intervenga, en muchos casos tiene que llegar a explicar al propio beneficiario, por qué no es bueno que el estado lo asista. Lo cual es posible y además cierto, pero semejante empresa está muy lejos de los supuestos términos originales en los que la discusión se plantearía en una democracia de gobierno limitado. Más que aprendizaje, se requiere desprendimiento. Por eso no funciona el pretendido aprendizaje.

Lo que es seguro es que para que ocurra el cambio, el monstruo tiene que ser enfrentado. Hace falta un trabajo de alarma a la población sobre la trampa de empobrecimiento y sometimiento en la que está metida, mientras acepta que la sociedad sea un criadero en el que unos sostienen y protegen a los otros a costa de unos terceros que producen y corren los riesgos. El fracaso se compensa con más promesas y más miedo a los que no prometen. De esta no se sale sin hablar claro y fuerte y sin que lo hagan muchos.

Estamos en el 2015 sin haber avanzado mucho respecto del 2007. Se nota ahora que el autoritarismo actual, más que pagar una factura, le está dejando el campo minado a un próximo gobierno, que en cualquiera de las alternativas existentes ni insinúa solucionar los grandes problemas que deja éste. Es más, elogian todos sus grandes desatinos.

Sin embargo nada es más riesgoso que la continuidad del aparato criminal del kirchnerismo. Si al menos se logra que el próximo gobierno no sea aliado al proyecto totalitario del socialismo del siglo XXI, será un gran avance.

Scioli no sólo es el oficialismo y el vehículo para su continuidad e impunidad, sino que su triunfo significaría la consagración de su política de agacharse, aguantar y ser cómplice, como si fuera un mérito, sostenido como la virtud de la prudencia. Su misión en este mundo es permanecer en el cargo, haciendo cualquier cosa imaginable y no imaginable para asegurarlo, entregando como primera cosa la dignidad.

Nos queda entonces el peronismo y el no peronismo, nominalmente hablando. Macri aparece como lo no peronista pero ¿qué parte de su política no ha sido peronista? Altos impuestos, altas regulaciones, intromisiones varias en la propiedad privada, uso descarado de los recursos públicos para propaganda, corrupción en la obra pública. Massa viene del propio kirchnerismo, cobija en su agrupación a muchos ex funcionarios de lo quieren ver como el "kirchnerismo bueno", una gran fábula, conveniente, según la cual "Nestor fue mejor", cuando fue el creador de su sistema. Pero tiene algo más que funcionarios técnicos de esta etapa negra de la historia argentina. Lo tiene al señor Alberto Fernández, mano derecha de todo lo peor del señor Kirchner, incluidas operaciones como el ensuciar a Enrique Olivera o comprar a Borocotó. Un personaje de verdad siniestro que, en la mejor interpretación, Massa tendrá a su lado para asegurarse el vínculo con Clarín.

Pero vayamos al pensamiento ¿Hay diferencias de ideas entre Massa y Macri? De verdad no encuentro ninguna. Se que mucha gente piensa que Macri miente y es más liberal de lo que dice y hace. Pero hay otros que lo piensan de Massa. La ilusión de la "gran Menem", que se dio una vez, fue severamente castigada por la opinión pública como para pensar que candidatos tan tibios y temerosos estén pensando en algo así. La eterna esperanza de los argentinos que se ilusionan con que los políticos mienten al decir pavadas.

El problema del país es tan grueso y tan obvio como lo era al final de Alfonsín. Hay que acabar con el proyecto peronista, que no es de los peronistas nominales, es de toda la política argentina. Es decir acabar con el estatismo y el aislamiento y convertirse al capitalismo con todas sus reglas. Sin que a la primera dificultad se vuelva a girar el barco hacia el fracaso seguro y la corrupción generalizada, como ya pasó. Pero está tan alejada la solución de los discursos como de las intenciones. Esto sabemos que no lo van a solucionar y que van a chocar el barco. Sigue siendo apetecible librarse del proyecto totalitario, porque de otro modo el fracaso derivará, entre otras cosas, en violencia.

¿Qué hacer entonces en estas circunstancias? En mi caso lo primero que descarto es no hacer nada y evadir los riesgos. Porque el riesgo de eso es más grande que cualquiera de estas dos alternativas que estoy señalando. Lo segundo es entender a los que toman el camino b si para nosotros es mejor el a, dejando de maximizar las diferencias, invocar principios que no están en juego o de ensalzar falsamente la personalidad y virtudes de los candidatos, porque no dan para eso. No hay mucha razón de principios para volcarse por unos o por otros, es más un problema de cuales conjeturas se construyen.

Creo que lo mejor que podría ocurrir es en realidad que Massa compitiera en las mismas PASO que los radicales, el PRO y Carrió. Todos quieren "planes" manejados por buenos, todos van a respetar a la justicia más que estos salvajes, todos van a desprenderse del chavismo y todos van a encarar la administración del estado muy mal. Todos dicen alguna cosa suelta que está bien y muchas cosas consistentes que están mal. Lo único claro es que (ya) no son K y que en las encuestas los votantes opositores expresan que lo que más quieren es que se vaya el kirchnerismo, por eso estas dos alternativas tienen tanto espacio para decir y hacer tonterías.

Pero si eso no ocurre, habrá que jugar a la ruleta rusa. Macri ha tomado alguna ventaja al cerrar primero un acuerdo con Carrió, a la que muchos años tuvo de enemiga, y después con los radicales. Si saca una ventaja de eso no es porque enarbole globos y alegría sino por lo que eso significa en cuanto a voluntad de poder, algo que el castigado votante opositor que pobló las marchas masivas, seguro que valora. Así como castiga cuando esa voluntad de poder de los que tienen que oponerse al totalitarismo se diluye, como pasó en el 2009. Pero a la vez que eso le ha dado una ventaja, ya está mostrando que le faltan uñas de guitarrero. Lo primero que hace al arreglar con el radicalismo es cerrarles por completo la expectativa de constituir en el futuro un gobierno de coalición. Eso debilita a su aliado Sanz frente a la oposición interna y también le resta simpatías en el votante radical, al que necesita. Pero puede más su instinto de declararse dueño de la pelota. El otro error es crearse un monstruo interno con Michetti. Como un acto del príncipe le "permite" competir internamente por la intendencia, mal llamada gobierno de la ciudad, pero la enfrenta públicamente. Con lo cual un triunfo de esta candidata de todos los buenos del mundo unidos, se convierte una derrota del propio Macri, en plena campaña presidencial, de lo que habrá que derivar algo muy serio: que ya no tiene base territorial.

Pero tampoco mejoraría mucho la posición que tomó si consigue derrotar a Michetti. Será humillante, en los parámetros de estudiantina del PRO y colocará a su partido al borde de una diáspora.

Massa ha cometido sus propios errores desde el triunfo del 2013. Se ha creído ganador definitivo y empezó a jugar al duranbarbismo. Mucha sonrisa, promesas gerenciales y sólo alusiones muy generales al gobierno. Ha sido débil en su reacción frente al caso Nismam, que tal vez lo toque de algún modo y se ha querido parecer al Macri de vidriera, restando su principal virtud que era, de nuevo, su voluntad de poder y daño al sistema criminal oficial. Ultimamente cada vez que se le hace un reportaje contesta con una catarata de "propuestas", todas intrascendentes al mejor estilo PRO.

De manera que las cosas están muy mezcladas y cualquier opción ofrece altos riesgos. Lo importante, me parece, es elegir el riesgo que se corre y no dejar que lo alcance a uno cualquiera que venga así nomás.

ASISTENCIALISMO: VASALLAJE BIENECHOR

Robert Epstein, psicólogo de la Universidad de Harvard, publicó en 2008 un artículo en la revista Mente y Cerebro, titulado "El mito del cerebro adolescente", que fue muy difundido. Epstein sostiene que las observaciones de una específica actividad cerebral "inmadura" en los llamados adolescentes (conocida por modernos métodos de diagnóstico por imágenes) no prueba que haya una "causa" neurológica del comportamiento propio de esa edad. Bien podría tratarse, en realidad, de la consecuencia.

Las observaciones del autor son de una inmensa utilidad para entrar en el tema de este artículo, que no es la psicología, mucho menos la adolescencia, sino una forma moderna de vasallaje que han adoptado muchos sistemas de poder, para sobreponerse al languidecimiento del control autoritario que provocaron las revoluciones de la libertad individual en el último par de siglos. Ahora voy a eso, pero es desde el vamos interesante comprobar que no hay "evidencias" sin epistemología. Si no se hacen las preguntas adecuadas (en este caso sobre la diferencia entre correlaciones, causas y consecuencias), las conclusiones pueden perder valor.

Los hechos son que las sociedades occidentales muestran comportamientos conflictivos de las personas a partir de la pubertad. En Estados Unidos la mayoría de los delitos se registran a los 18 años y en algunos casos como el de incendios intencionales, antes. 18 años también es la edad en la que se registran mayor cantidad de casos de depresión.

Más allá de estas estadísticas, todos experimentamos el fenómeno de conductas conflictivas, poco respetuosas, cuidadosas o torpes de la adolescencia. Sin embargo, observa Epstein citando estudios hechos en la misma universidad, el fenómeno dista de ser universal, se encuentra asociado a las sociedades occidentales. En el 60% de los países estudiados, el término "adolescente" ni siquiera existía. A determinada edad, los jóvenes eran tratados como adultos y las características típicas de la adolescencia no se encontraban. Los datos históricos apuntan en el mismo sentido. El fenómeno adolescente es nuevo, no se registraba en la antigüedad. Lo que se llama adolescencia es, en realidad, una consecuencia de una prolongación artificial de la infancia.

Lo que viene a cuento de este título es que asignarle a un adulto, un ser que es capaz de valerse por si mismo y tomar sus decisiones, una posición desventajosa aún cuando sea con la intención de protegerlo, lo disminuye y somete, provocando actitudes inmaduras. Las consecuencias pueden verse entre padres e hijos, con mucho más razón entre extraños vinculados políticamente.

La adolescencia se va extendiendo ante la perplejidad general. Sería muy simplista y cómodo decir que lo que hay detrás es un amor mal manejado. Una explicación menos indulgente sería que la tendencia es a que los padres intenten conservar su poder frente a sus hijos. Algunos de estos lo saben responder convirtiéndose en adultos a pesar de eso, otros los enfrentan sin conseguir madurar.

La protección es exactamente poder. Cuando los hijos son niños, el poder de los padres sobre ellos es casi total. Se entiende, hay limitaciones físicas y una inexperiencia extrema en la niñez ¿Pero quién puede pensar que el método para beneficiarlos consista en sobre protegerlos en lugar de hacerles ganar independencia? Como los padres normalmente quieren a sus hijos, aunque sea tarde, se los termina soltando. O ellos consiguen soltarse solos.

Traslademos esto a la política. La doctrina constitucional republicana ha considerado a todas las personas iguales ante la ley y libres. Esto es, adultas. Los sistemas de control sobre el individuo desaparecen. Las religiones deben convencer, no se imponen. Existe libertad de cultos, por lo tanto el vínculo entre la religión y las personas también debe ser adulto. El ciudadano no es un vasallo del señor, es un ser pensante, que tiene sus propios objetivos y que, se supone, es quién maneja al poder. Nunca se puso en duda que pudiera valerse por si mismo, porque el sistema político no pretendía ser un criadero. La relación con el protector era utilitaria.

¿Conviene a la política y a los iluminados este trato entre el ciudadano y el poder? Indudablemente no. Es una pesadilla para quienes se sienten llamados a ser salvadores.

Mi hipótesis es que el método de aquellos que intentan domesticar y someter a los demás, hizo pie en las doctrinas republicanas, tomando un aspecto que les otorgaba una ventaja. El aparato político, el estado, persigue (se supone) el llamado "bien común". En el fondo el estado es visto como un dispositivo bienhechor. El país no es un ámbito físico de relaciones con un poder político con funciones asignadas, sino que empieza ser observado como una familia, con unos tutores que aspiran a velar por uno. Velar como el padre que no deja a sus hijos convertirse en adultos.

Cada vez más se difunde la tesis de la impotencia ciudadana y la potencia política. El sistema republicano se ve expandido hacia el otorgamiento de todo tipo de "seguridades" económicas, educativas, de salud, hacia la vejez. Es imposible que eso pase sin que se vea alterada la relación política entre aquellos adultos que pedían su libertad y estos que claman tranquilidad provista por el poder, aniñados convenientemente.

El rol del "protector" deja de ser inocente o inconsciente como el del padre con una presencia agobiante hasta cierto punto. Es artero y específico. Los tiranos no actúan a cara descubierta, someten mediante la demagogia. La demagogia en sí no es nada más un método para cosechar simpatías, es un ardid para hacerse padre, para ponerse por arriba y disminuir a todos los definidos impotentes. También para difamar a los adversarios que son presentados como unos maléficos que no dejan a este padre perverso, ser padre.

Podríamos pensar a las nuevas formas de despotismo desde una perspectiva diferente. No son la vía para llevar adelante un proyecto doctrinario específico, sino el mejor atajo disponible para contaminar a la república y concentrar el poder. Los disminuidos se terminan comportando como disminuidos y todo mensaje liberador es visto como antipático y amenazador. Es un círculo vicioso que se convierte en una profecía auto-cumplida.

Este vasallaje bienhechor termina por unir a toda forma de antiliberalismo (en sentido clásico) posible, incluso a los que podrían parecer incompatibles desde el punto de vista de sus principios invocados.

En la época que nos toca vivir, hay un sector político que ha descubierto el secreto y el provecho que tiene esta relación. Conoce el efecto infantilizante del estado paternal y lo practica de un modo pornográfico. Esto es el populismo latinoamericano que exhibe hordas de personas que besan las manos de los poderosos y les rinden culto, mientras éstos se declaran sus padres con una presencia total. Le llaman democracia a ese vasallaje. Pero en mayor o menor medida todas las sociedades occidentales se están viendo contaminadas de este tipo de relación que coloca al estado en una posición de incuestionable. Tarde o temprano las relaciones cambian a un punto tal en que el totalitarismo se asoma con una sonrisa de oreja o oreja. El gran pecado social pasa a ser el no pago de impuestos. Eso es como dejar al Bien sin combustible.

La Iglesia Católica como institución, ve relegado su papel desde los comienzos de la separación de su magisterio y el estado. En la actualidad aún más. Su pérdida de poder en materia de control familiar es notable en temas como el matrimonio, la adopción o el aborto. El papa Francisco con su mensaje anti-empresario y anti-capitalista enarbola una acción anti-modernista y se alía de manera bastante abierta con el populismo latinoamericano. No ve para nada mal al paternalismo, lo fomenta. La economía parece ser una enemiga que debe ser reemplazada por un tipo de vasallaje bondadoso, generoso a la hora de alimentar. La independencia de los asistidos ni siquiera forma parte de su análisis. Esa Iglesia en crisis con este papa busca otro rol social y recuperar el control jugando un papel legitimador del vasallaje. Así es como creo que tiene que ser entendido por qué se lo entronizó y por qué pasó de su su papel crítico del gobierno argentino cuando era el cardenal Bergoglio, al de actual sostén de Cristina Kirhcner.

Este se el problema político número uno para la preservación de la libertad en la actualidad. El rompimiento de una relación enfermiza establecida para la concentración del poder. Es a lo que hay que responder.

No tiene remedio la disolución de la república mientras se siga aceptando el paternalismo. La república es un sistema de adultos. La asignación a la gente de menos recursos del papel de protegidos eternos tiene una finalidad política de la que ellos mismos son las primeras víctimas. Las masas de gente que entran en esta categoría crecen y se suele discutir al populismo desde sus resultados económicos opuestos a los invocados como buscados. Pero no vamos a ver a los titulares y promotores del vasallaje ni siquiera entrar en ese cuestionamiento, porque no les interesa. No quieren ninguna solución al problema que usan en su favor que no sea la receta de usurpar el lugar de padres, transformando a sus súbditos en adolescentes para que, una vez que se vean los malos resultados, encima poder decir que su intervención está aún más justificada.

Este número de Crónicas Inconexas está dedicado a la develación en varios sentidos. El teórico del populismo Ernesto Laclau, pone sobre la mesa la naturaleza explícita de este vasallaje al despojarse por completo de cualquier teoría de la explotación y describir al populismo como la relación entre todos los "débiles" (móviles) y un líder todopoderoso reivindicador de cualquier situación.

El marxismo explicaba la injusticia en la fuerza del trabajo, no en su debilidad. Marx tomó la teoría del valor/trabajo de Smith y sostuvo que el empleado era un creador de riqueza y el empresario un parásito explotador que se quedaba con la plusvalía, es decir, la diferencia entre el valor del trabajo del obrero y el precio de los productos. Tal teoría fue refutada hace demasiado tiempo. Que una persona trabaje más que otra no da mayor valor a su producto. Si me lleva un mes construir una balsa, no va a valer más que una hecha por un profesional de tal actividad, terminada en unas horas. La explicación de la explotación en Marx está muerta y con ella su fantasía de la explotación capitalista.

Los neomarxistas entonces ni siquiera intentan justificar las "injusticias sociales" y acá es donde quedan reducidos a un dogma políticamente oportunista. A Laclau ni siquiera le preocupan en particular los obreros, sino todos los débiles. Es un constructor de poder en la debilidad como si quisiera concentrar toda la maldad denunciada por Nietzsche. El obrero no es protagonista de nada, mucho menos de la revolución. No hace falta ni expropiar los medios de producción, basta con aplastar al capitalista para que siga "explotando" pero poniéndose al servicio del poder vindicador. No se sabe de qué, pero vindicador al fin. Todo el protagonismo está de manos del líder protector. A los definidos débiles les corresponde seguir siendo débiles y dejarse guiar por el fhürer,

Ahí está la confesión expresa de la relación de sometimiento como un objetivo político. Muchos débiles obedeciendo a un solo fuerte, contra todos los otros fuertes. Ese es el negocio.

Uber: el estado al desnudo

Todo el mundo conoce Uber porque Uber es útil. Es una empresa basada en una aplicación para móviles, que pone en contacto a gente que necesita ser transportada en las ciudades, con personas que conducen sus propios automóviles y se ofrecen para llevarlas a cambio de un precio que es bastante menor al de los taxis tradicionales. Podría perfectamente ser considerada un servicio de taxis, si no fuera porque el estado se ha arrogado decir qué es un taxi, quién lo conduce y hasta de qué color es.

La excusa protectora era que el estado se ocuparía de que los taxis estuvieran registrados, tuvieran seguros y cumplieran con los parámetros que los expertos en regular taxis les impusieran por el bien de la humanidad. Como los taxistas quieren ganar plata, el gobierno se ocupa también de que no ganen mucho. Para los que creen que esto actúa en favor del pasajero, Uber es más barato que todos los servicios de taxis. Algo indica que el estado no era necesario a los fines de hacer accesible el precio. Al contrario, las evidencias indican que lo encarece.

¿Necesitan Uber o sus pasajeros del estado? No, para nada. Como todo servicio o empresa, empezó por una iniciativa particular. Alguien que vio un negocio, invirtió y tuvo respuesta del público. Así se han iniciado todas las actividades económicas. Pero el estado de alguna manera ha logrado que en algún momento del desarrollo de cualquier empresa, la gente se pregunte por la regulación del a actividad. Se empieza a sembrar el temor, aquellos que se sienten amenazados por la competencia siembran sospechas y asustan a la gente sobre el problema de que unas personas organizadas hagan algo sin control. "Sin control" es sinónimo de problemas. Vamos al cine sin control, pero mejor no repetirlo porque alguien lo regulará. Algo lícito y que otras personas aceptan y compran. Los agentes públicos entonces se ponen el traje de expertos. Los que no han hecho nada como los emprendedores, son protagonistas a la hora de decir cómo deben conducirse los que sí, por encima de la voluntad de los que han decidido comprar.

A medida en que las sospechas corrían y los grupos de interés como los licenciatarios taxistas las difundían y presionaban al gobierno para que prohibiera Uber, la empresa iba resolviendo problemas. En noviembre se denunció el caso de uno de sus conductores que supuestamente habría intentado violar a una pasajera en Chicago. De inmediato se adoptaron nuevas normas de seguridad. A lo largo del tiempo se han incorporado mayores formas de otorgar tranquilidad a los clientes, como pedir antecedentes penales de los choferes y un botón anti pánico dentro de la aplicación. Todo por requerimiento del consumidor, porque ninguna actividad, tampoco la de empleado público, está exenta por sí misma o invita por sí misma a la utilización por un delincuente. Mucho menos publicidad tuvo el hecho de que una grabación demostrara que la relación entre el chofer y la pasajera había sido consensuada y que finalmente quedó en libertad.

El asunto no es qué riesgo se le puede encontrar a la actividad de Uber, lo importante es que se les busca de arriba para abajo, porque el gran pecado de este negocio es ser libre y que los consumidores lo elijan sin intervención de papá estado. Solo hay que "demostrar" alguna cosa, para que la confianza desaparezca y el regulador pueda actuar.

Uber está prohibido en España y Alemania. Hay poco de qué sorprenderse en España donde se multa a las personas que intentan auto-abastecerse de energía con paneles solares, para favorecer a las compañías eléctricas. A nadie le parece demasiado anormal. Los países parecen ejércitos donde el sector privado en lugar de pactar libremente actividades lícitas, tiene que leer el manual de cualquier cosa que se les ocurra hacer, porque se ha aceptado de un modo bastante generalizado que el mundo se mueve con leyes como expresiones de voluntad del poder público que lo sabe y lo vigila todo. Esa necesidad de vigilancia es cada vez más insostenible, a medida que todo lo regulado se torna pesado e inútil y el mercado busca alternativas.

El sistema de taxis controlados ha devenido obsoleto, porque la tecnología hace todo el trabajo, lo hace mejor y más barato. Pero el estado está mucho más interesado en mantenerse a sí mismo que en proteger a sus protegidos. Las prohibiciones y regulaciones tienen ese sentido.

En Estados Unidos Uber funciona muy bien, pero en muchos lugares se encuentra acosada y se la intenta regular o prohibir. En Nevada tuvieron que suspender el servicio. En Kansas City, la empresa ha advertido que la regulación aprobada les impedirá seguir operando. Un caso curioso es el de Texas. La legislatura quiere intervenir para lograr la "libertad" del negocio, elaborando una legislación que se imponga por encima de las reglas locales. Pero la trampa es que a ese fin, se aprestan a regularlo a nivel estatal, cosa que, reitero, ni Uber ni sus clientes necesitan. Tal cosa de cualquier manera deja ver a un estado desbocado, trabajando para si mismo, que considera sospechosos a los ciudadanos honestos.

Otro aspecto interesante del problema es que estas empresas innovadoras no reciben el apoyo de políticos, medios de prensa y usuarios de un modo que esté a la altura de los principios que se ponen en juego. Porque todos o casi todos aceptan que ganar dinero es en sì sospechoso. Entonces no parece tan heroico salir a respaldar a Uber, como pedir por la libertad de expresión.

Los que la atacan lo hacen sin sonrojarse. Advierten que a medida que la tecnología reduce costos de transacción, los individuos parecen desmentir a todos los defensores del protectorado gubernamental.

Uber tiene tiene esos fanáticos que le atribuyen todo tipo de males e imaginan un futuro donde eliminaría todos los servicios de transporte y ejercería un monopolio maléfico. En fin, en tren de atribuir se olvida el sentido común. Uber carece de toda "autorización" mientras alguien no consiga adosarla al estado, es una empresa libre. Lo único que hace falta para que aparezca otra es un programador de aplicaciones para celulares. Uber no puede ejercer monopolio alguno.

El episodio que sus enemigos tomaron como signo de lo peligrosa que es la no regulación, fue un twitt publicado por la firma en Sidney, el día en que se produjo el episodio de la toma de rehenes en diciembre pasado. Ante el crecimiento de la demanda en el distrito central por parte de gente que quería salir de allí, Uber indicó que subía su tarifa en esa zona para atraer más conductores. Este es el twitt de la polémica:

@Uber Sydney: Estamos todos preocupados con los eventos en CBD. Las tarifas se han incrementado para incentivar a más conductores a ponerse online y levantar pasajeros en el área.

Desató todo tipo de comentarios por la insensibilidad supuesta de la empresa ¿Incrementar el valor cuando más se lo necesita? ¿No hace falta hacer lo contrario? Bueno, el diagnóstico de Uber fue el opuesto y, aclaremos, es correcto. Pero supongamos que están equivocados, que bajando la tarifa se conseguirían más automóviles disponibles en el lugar de la crisis. Lo que es muy poco honesto de la crítica es asignarle maldad a la empresa, que solo tiene un criterio diferente en cuanto a la solución. No hay ningún motivo para asignarle unas malas intenciones de que menos gente pueda viajar.

Por eso no me preocupa tanto la ignorancia económica como esa actitud de inquisición de tratar a los que hacen con la comodidad del que no hace nada.

Sin embargo voy a explicarlo. En la ciudad de Sidney había una cantidad determinada de conductores operando con Uber. Se encontraban como todos atentos a las noticias de la radio, pero no tenían ni la información ni los motivos para pensar que debían acercarse a la zona de la crisis. En esa área había una cantidad de automóviles actuando con Uber. Ni la bondad ni la maldad jugaban en eso rol alguno ni lo podían cambiar. La gente podía voluntariamente acercarse con sus vehículos a ayudar. Hablo de particulares que no tuvieran nada que ver con Uber y Uber no tenía nada que hacer a favor o en contra de que esto ocurriera.

La compañía podría haberse comunicado con sus socios los choferes y haberles pedido que ayudaran gratuitamente. No lo hizo. Tampoco lo hicieron los operadores de taxis, los clubes, ni las asociaciones de consumidores, ni los comentaristas críticos. Uber es una empresa y su actividad se desarrolla por medio de precios porque los precios son el modo de hacer sustentable la actividad económica. Porque esto es algo que olvidan todos los críticos. Una necesidad se cubre con una actividad económica, gente que se mueve. La señal para moverse más de lo habitual es también el precio. En las crisis los precios no aumentan por maldad, sino para distribuir lo que hay del modo en que la ulterior actividad se incentive de un modo virtuoso. Subir el precio en la zona del problema respecto de otras zonas, no hace que en el momento cero, el de la toma de decisión, aparezcan más automóviles y más gente pueda viajar, pero si cambia lo que ocurrirá en el momento 1, porque provoca un movimiento. Disminuir el precio tampoco hace aparecer más automóviles mágicamente en el momento 0, pero condena a la desaparición de los existentes en el momento 1.

Esto es independiente de todo lo que quieran hacer o no hacer los voluntarios, que en estos casos surgen por fuera de los organismos oficiales y los reguladores.

El punto no es por supuesto el caso Sidney. Si lo es la atención que se pone ante un problema para forzar una falsa demostración de que la aparición de más alternativas es una amenaza y no una bendición, que dejar a la gente actuar les hace brotar lo peor de si mismos, para eso se colocan los censores en posiciones falsas de santurrones, que pocas veces se compadecen con sus conductas. Ese es el miedo al mercado inducido por los que quieren mandar o aman el mando.

Todavía no sabemos quién ganará esta batalla, pero habrá otras si los amantes del poder logran su cometido. El problema que tienen es que cada vez se los ve más defendiendo intereses propios y echando por tierra todos sus mitos protectores.

ATENDIENDO A MR. KRUGMAN

El señor Krugman dedica su artículo del 7 de abril en el NYT a algo que según él no existe, esto es, a los libertarios (liberales clásicos para muchos de nosotros) en Estados Unidos. Su argumento principal está en el título "Una caja vacía".

Primero la aclaración terminológica es indispensable. Me incomoda bastante adaptarme al lenguaje político norteamericano según el cual "liberal" es aquél que aboga por más gasto, paternalismo e intervención estatal, que considera pecaminoso al capitalismo y, en general, desconfía de la libertad individual. "Liberal" en los Estados Unidos, es muy parecido a un anti liberal en el resto del mundo. Pero voy a

seguir esa terminología y llamaré por lo tanto libertario, al partidario de la libertad individual, la responsabilidad personal, el derecho de propiedad y el gobierno limitado.

Krugman presagia que el candidato republicano
Rand Paul nunca podría ser presidente como libertario, porque no hay libertarios. Al finalizar, por si acaso, cierra su sentencia de defunción afirmando que,
aún si los hubiera, los libertarios no están a favor de la
libertad. Lo deja para el cierre porque no se interesa
siquiera en argumentar semejante afirmación. El es
Paul Krugman y su misión en la vida es iluminar, no
explicar. Pero resulta que había arrancado su panfleto
con un cuadro donde asignaba a la posición libertaria
el no apoyar la seguridad social y ser "liberales" (izquierdistas) en lo social. No lo dice pero con esto
último se referirá seguramente a la aceptación del matrimonio no tradicional o el fin de la llamada guerra
contra las drogas. Lo que Krugman no advierte es el
sesgo que toma su cuadro pretendidamente esclarece-
dor, que termina en un razonamiento circular. Como

si dijera: los libertarios son como nosotros en algunos temas y no son como nosotros en otros. Pero eso no define a los libertarios señor Krugman, los define a ustedes. No se puede usar el izquierdómetro para definir a una posición opuesta. Es decir, la distancia o cercanía relativa a sus propias posiciones agrega poco al argumento que intenta presentar.

Lo razonable si hablamos de libertarianismo es referirse al valor libertad, en lugar de al izquierdismo como eje. Estar a favor de la llamada seguridad social es desconfiar de la libertad y confiar en el poder bienhechor de la autoridad. La gente haciendo uso de sus recursos, supone el paradigma de la seguridad social, no es capaz de tomar recaudos para determinadas tragedias o para la vejez, por lo tanto el aparato político policial llamado estado, tiene que imponer ciertas reglas y apoderarse de determinados recursos. La libertad a los ojos de quienes piensan como Krugman, pondría en riesgo a la gente menos favorecida por las circunstancias o la naturaleza. Un poder bien dispuesto, bueno, organizará un sistema en el que la suerte de unos pueda ser repartida entre los otros. Por la razón que sea, la izquierda no quiere libertad en este punto. Los libertarios en cambio creen que el aparato de fuerza policial recaudador llamado estado, nada tiene para aportar en la materia y que su intervención sólo genera empobrecimiento. Las personas colaborando, trabajando, intercambiando, encontrarán la forma de subsistir y de ofrecerse servicios las unas a las otras para mitigar los peligros, de manera mucho más eficaz si no son expoliadas, estorbadas y mandadas por una autoridad omnipotente. A diferencia de los izquierdistas, los libertarios apuestan a la libertad en la materia. Eso es algo que usted admite señor Krugman, no mienta diciendo que los libertarios no apoyan a la libertad.

Vayamos a lo que Krugman denomina "libertad en temas sociales". Es cierto, la izquierda apoya el matrimonio homosexual, pero no lo hace en nombre de la libertad, sino de la igualdad. Por todos lados se le llama a tal cosa "matrimonio igualitario", es decir se reclama porque otros lo tienen, no porque cada uno es libre de regular su vida civil exactamente como le gusta. Desde el punto de vista de la libertad, ninguna institución civil, privada, debería ser regulada estatalmente. Pero mientras exista tal regulación, cualquiera tendría que tener acceso a un vínculo jurídico lícito, que no perjudica a terceros y a llamarle a eso como quiera llamarle. Esa es la posición de la libertad frente al matrimonio, no la mendicante que reclama lo que otros tienen, porque los otros lo tienen.

Es cierto que un aspecto de la libertad es la igualdad ante la ley. La ley debe tratar a todos de igual forma. Pero de ninguna manera puede sostenerse que la izquierda que representa Krugman esté pensando en tal cosa. Ellos ven la relación entre los matrimonios tradicionales y el matrimonio homosexual como una lucha por el poder. El poder lo tienen los matrimonios hombre-mujer, por lo tanto hay que quitárselo y pasárselo a los matrimonios homosexuales para compensar. Como lo aclara al final, ellos representan a una parte en una lucha y así como en su interpretación los conservadores están a favor de los poderosos, ellos quieren favorecer, no otorgar libertad ni igualdad ante la ley, a los débiles.

En materia de recursos no existe otra forma de estar del lado de la libertad que no sea sosteniendo la propiedad privada y que cada uno sea dueño de su vida y de lo que produce.

Todo lo cual me lleva a concluir en primer lugar, que dado que Krugman no está interesado en la libertad en ninguno de los aspectos que trae a colación, es, por lo menos, un mal juez de qué tan interesados en las libertad están los otros.

Claro que hay libertarios y claro que al anti libertario Krugman le preocupan, de otro modo no hubiera tratado declararlos inexistentes. Ni hubiera tratado su tribu sectaria de etiquetar a los que formaron el heterogéneo grupo del llamado movimiento del *Tea Party*, como unos obsesivos religiosos, quedándose siempre con ese tipo de características que sin duda estaban muchas veces presentes, pero intentando asociar la libertad del mercado a un tipo de fanatismo. Hay una necesidad de considerar al libertarianismo como una simulación porque no tienen nada que decir de una versión real. En eso creo que el artículo hace una gran confesión. Krugman y la izquierda de los Estados Unidos se sienten muy cómodos para discutir con un tipo de conservadurismo caricaturizado, casi teocrático, pero no puede ni aceptar la existencia de quienes por pensar en otro eje, lo dejan a él mismo como un conservador de otro tipo, asustado por la irrupción de un pensamiento que deja a sus cajas vacías.

El eje conservadurismo-"liberalismo" tiene una utilidad en la política norteamericana así que es difícil prescindir de él. Conservar en el primer caso quiere decir el apego a los valores tradicionales de los Estados Unidos, esto es la libertad individual, el derecho de propiedad, la noción de que cada uno busca su felicidad. "Liberar" no quiere decir mucho en el caso opuesto, pero tomaré la descripción que hace Krugman para no parecerme mucho a él. El "liberal" parece ser el que busca beneficiar a los débiles contra los fuertes, siguiendo la lógica marxista falsa de lucha de clases. Según esta visión lo que no tienen unos lo tienen otros. En el caso de los conservadores se cuela un componente de anti-modernismo que los lleva en algunos casos a posiciones insostenibles como negar la evolución en favor del creacionismo y darle a tal cosa un valor político. En el lado de Krugman, todos dan por cierta la idea no menos religiosa, dogmática y anti modernista, de la lucha de clases. Es falsa porque no existe competencia alguna entre sectores de distintos niveles de ingresos sino colaboración. La gente con pocos recursos requiere gente con capital que cree empresas y demande su trabajo. No hay plusvalía, no hay explotación, tampoco conflicto, sino colaboración. Esto no implica decir que en la relación empleado empleador no surjan conflictos, pero esto tiene que ver con mutuas expectativas en el negocio que llevan a cabo, no con intereses incompatibles. Los Krugman de este mundo podrán escribir todo tipo de apelaciones emocionales en favor de los obreros de una fábrica para que mejoren sus sueldos, pero quienes producen los salarios en sí, no son los analistas, sino los empresarios.

Krugman se siente cómodo en una confrontación entre los defensores del poder privilegiado y él, abanderado de los débiles. Krugman se siente fuerte en nombre de los débiles. Los libertarios arruinan su disfrute, tienen para los liberales (izquierdistas) la muy mala noticia de que los débiles necesitan fuertes. En este caso, los pobres necesitan ricos, no predicadores. Como defensores de los débiles necesitan al estado (puro uso de la fuerza). Quieren a los teócratas enfrente, solo contra ellos tiene argumentos. Para unos la amenaza es Darwin, para los otros Bill Gates.

Pero hay otro tipo de conservadores, como el propio Rand Paul y otros que no están haciendo eje en sus visiones religiosas. Proponen un estado secular, aún cuando hay varios temas que dejan de resolver, pero expresan un sentido liberador del individuo respecto a la realidad política de los Estados Unidos hoy. Lo que no hay por desgracia es otros izquierdistas.

Olvidemos a Krugman, por más descriptivo que sea a los fines del análisis político el eje "conservador-liberal", los libertarios no están en él. De ahí la dificultad de Krugman. El eje libertario sería: libertad-autoridad. No es la libertad frente a la existencia, la escasez o cualquier condición de la vida, sólo la libertad frente a otras voluntades.

A diferencia de Krugman si creo que está ocurriendo un movimiento interesante con el surgimiento de grupos difusos tal vez, que se identifican con el concepto libertario que, mal que les pese es la mejor expresión del espíritu de lo que han significado como irrupción los Estados Unidos. Esto va más allá de que la gente se identifique directamente con una etiqueta.

No importa si candidatos que explícitamente sostienen de manera más o menos completa partes de la agenda libertaria pueden ganar una elección presidencial, lo relevante es cómo en la opinión pública norteamericana, se identifique o no con un rótulo, recibe de buen grado sus propuestas. Eso va más allá de la elección del 2016.

Una encuesta de YouGov citada por Reason indica que un 51% de los americanos quieren ver reducido el tamaño del estado. Un 20% de los votantes entre 18 a 29 años utilizan el término "libertario" para describir sus puntos de vista políticos, mientras un 39% lo rechazan. 42% dicen no saber si lo son. El porcentaje de quienes se ven a si mismos como libertarios se reduce al 17% en la edad de 30 a 44 años, 15% entre quienes tienen de 45 a 64 años y 9 entre los mayores de 64 años. Eso habla a las claras de que las ideas que el columnista del NYT da por terminadas, en realidad se encuentran en plena expansión entre los más jóvenes y que la mitad de las personas aceptan su premisa fundamental.

¿VENDERLA O PRODUCIRLA?

El estado en nuestras sociedades ocupa el lugar de un cascarón. Un orden protector que lo sostiene todo. No estoy muy seguro de que esto sea producto de una prédica expresa de ideas colectivistas y anti-liberales. En vez de eso me parece que las ideas anti-liberales crecen en un ambiente propicio creado sin esa intención. Se reemplazó al gobierno como fuerza dominante diferenciada de sus súbditos, por una entidad de todos, pública, llamada estado. Se construyeron sistemas políticos "populares" que se dedicarían a servir, con facultades de recaudación en función de objetivos comunes.

Ese es el cascarón o el nido. Es protector, si nos atenemos a su manual de instrucciones y, a pesar de que produzca calamidades, es tan poderosa la ilusión que no se la abandona aunque las evidencias indiquen que es falsa.

Ese mismo aparato de tan protector, se espera que se ocupe de que los niños no crezcan sin conocimientos. Por lo tanto financiará y regulará la educación. Consolida, aún sin quererlo, la idea falsa de que hay "una" educación. Sobre todo es falso en materia de conocimientos sociales y políticos. Una formación completa en materia política tendría que incluir al estado, a la posibilidad de que el estado no exista, el fundamento no o fundamento ético de los impuestos, la demasiado arraigada idea del contrato social y la posibilidad de dejarlo de lado. Pero la educación en cambio está encorcetada dentro del nido. El estado existe, es inevitable, debe ser financiado por impuestos, persigue el bien común y debe ocuparse de todo lo indispensable de la vida. Eso es dogma. Se trata de un dogma inducido.

No digo siquiera que la educación debiera tomar partido contra el estado. Digo que mientras el estado esté detrás de la educación, ocupará el lugar de pilar del conocimiento social y seguirá siendo indiscutible. Su marketing es el nacionalismo, los próceres, y las historias épicas.

La defensa de la libertad individual debe sobreponerse a ese punto de partida, pero muchas veces se olvida o se evita discutirlo como tal. Entramos en discusiones económicas y queremos demostrar la superioridad del orden espontáneo, pero chocamos con el punto de partida de nuestros interlocutores, uno que no se puede poner en duda. Por lo tanto la hostilidad es una respuesta bastante habitual. Estar contra el estado es estar contra el país, según las condiciones creadas.

Con ese punto de partida debatimos mucho el modo de "vender" una idea. Ponemos sobre la mesa cuestiones de comunicación, aspectos de conducta personal de los vendedores y una serie de cuestiones que puedo comprender, pero que me cuesta aceptar como el centro del problema. No he visto que la física cuántica tenga que ser "vendida", basta con que se la explique y demuestre. Lo mismo pasa con la historia, con todo los límites que tiene y lo dependiente que es de los puntos de vista distintos que puedan tener los historiadores. Hay mejores y peores profesores y a veces los alumnos se identifican con determinados temas de acuerdo a la experiencia que hayan tenido con quienes les enseñaron. Eso es cierto. Pero ¿será que al liberalismo le han tocado todos los malos profesores? No lo creo, yo he conocido excelentes.

Creo el pensamiento no se vende, se aplica y se explica con él la realidad. El fin es conocer al ser humano como es. Toda doctrina de dominación o colectivización recurre a algún tipo de mistificación. Creo que hasta aquí hemos estado discutiendo las facultades del monstruo y no su monstruosidad. El avance de las ideas anti-liberales tiene que ver con el peso específico del aparato estatal tal cual está armado. Hay incentivos que llevan a aprovechar ese efecto cascarón para crear doctrinas para justificarlo y acrecentar el poder de los que lo administran.

La idea de la venta me parece que parte de una simplificación. Supone que hace falta un número mayoritario de liberales para que el estado sea obligado a comportarse "liberalmente". Algo que permita ganar elecciones a los liberales. Es simple como idea, pero muy difícil de lograr. Al estado no le conviene. A quienes viven del estado no les conviene.

El trabajo político es importante. Ahí si la venta ocupa un lugar central. Hay que vender candidatos y programas liberadores del individuo. Es muy concreto el trabajo, se requieren más votos que el adversario. Pero las ideas no se juegan bajo esas reglas.

Mi impresión es que el secreto está en la producción. En cuanto a ideas eso es la observación del fenómeno y el descubrimiento de mejores explicaciones. También sobre aquello que debe ser explicado. Estamos demasiado atados a la solución republicana. Unos métodos de equilibrio, unos poderes que controlan a los otros. Una serie de ideales jamás verificados.

El anarcocapitalismo abre una ventana en ese sentido. Se lo comparta o no, obliga a pensar otras

cosas del sistema político más allá de volverlo a los límites imaginarios que se pensaron más de dos siglos
atrás. Aquello parece no haber funcionado y entonces
estamos sin teoría política. Tenemos muchas cosas
que descubrir todavía.

¿CÓMO SERÍA SER LIBRE?

Usualmente lo que hacemos es imaginar la libertad a partir del estado. No está mal, nos preguntamos cuánto de estado tiene que haber o incluso si es necesario que lo haya. Es difícil que nos entiendan lo que queremos decir porque la gente identifica al estado con el protector, con el último recurso para todo. Intentamos tirar abajo la ilusión de cualquier cosa que sea lo que se espere de él. Tal vez sería mejor si pudiéramos expresar la idea en positivo, empezando por preguntarnos qué es ser libre y en qué se parece o diferencia a lo que vivimos hoy.

Ser libre es la posibilidad de actuar con independencia del criterio contrario que pueda tener otra persona o todas las otras personas. Tener una vida propia, guardar secretos. Es decir, decidir qué información compartir y cual conservar. Ser libre es no ser considerado una amenaza antes de haber cometido algún crimen. Ser libre es comerciar, realizar contratos con quién uno quiera y movilizarse por donde uno quiera. Ser libre es seguir una ética elegida. Ser libre es decir que no. Es estar a resguardo de cualquier agresor y del designio de cualquier otra persona. Es elegir qué, cuando, como y cuánto producir y conservar los beneficios y soportar las pérdidas de la propia acción. Ser libre es vivir y también morir, si ese es tu deseo.

La cuestión ahora es cuántos están de acuerdo con la libertad así definida. Sospecho que son pocos pero si lo expresara en función del mucho o poco estado les resultará más fácil no darse por enterados de hasta que punto no creen en la libertad y se sienten (ilusos) con mayores posibilidades de estar del lado de los censores que del de los censurados. Revisan la lista y empiezan a buscarle peros a las libertades, no quieren dejar que los demás hagan lo que quieren, tienen un plan a imponer.

No empecé todavía a hacer juicios de valor. Pero separemos las aguas. Unos creen en la libertad y los otros creen que deben conducir a los equivocados ¿Habrán hecho el cálculo de qué los hace estar del lado de los que entienden más que los demás qué es lo que deben hacer?

La ignorancia simplifica las cosas. La experiencia y el estudio llevan a la adopción de una posición de mayor escepticismo en cuanto a las posibilidades que tenemos de abarcar las circunstancias y los puntos de vista ajenos. La actitud del regulador es bestial, aunque naturalmente domina a quienes creen que son superiores a los demás. El ignorante lo sabe todo porque no se ha preguntado nada.

Una parte de la humanidad alcanzó un estadio de evolución en su forma de ver a la política que la llevó al respeto a través del constitucionalismo tradicional. El bien revelado entra en crisis y en su lugar la razón individual con la prueba y el error, se convierte en una fuente de conocimiento del que quiere entender. La sociedad compleja no se guía, se observa. El tutor es impotente. El aristócrata, es decir "el mejor", es dejado de lado por el más útil. No es que de verdad el mejor es mejor, sólo lo es con una escala de valores dogmática, independiente de que la gente la consagre para sus propias vidas. Pero el aristócrata se ve desvalorizado, porque no tiene el valor que piensa que tiene y que se le asignaba antes de la insolencia del nuevo respeto. En la sociedad ya no hay una selección hecha desde el poder, en vez de eso hay un lugar en el mercado. Un lugar provisorio.

¿Cómo no iba a odiar el poder político y las componendas tradicionales, incluida muy especialmente la religiosa al mercado?

Así que poco a poco los enemigos acérrimos de la libertad y del respeto, tendrán que inculcarle a la población las bondades del viejo orden y eso requiere diseminar el miedo. El poder tiene a su cargo la educación. Como si viviéramos en la tribu se entiende que no habría transmisión de conocimientos si el poder político no estuviera detrás. En la educación unificada se transmite una visión estrecha a la que muy posiblemente se denomine universal. Arrastra la ilusión aristocrática tribal así, que da a entender que hay una necesidad de guías y decisiones colectivas. Que el peligro es el vecino y el remedio es el poder político. No es que el vecino es peligroso porque nos dispara. No lo creeríamos porque lo conocemos. En su lugar es un peligro porque quiere "ganar", en lugar de perder y para eso nos enseñarán que cuando él gana nosotros perdemos y por lo tanto necesitamos un defensor.

De alguna manera se cree que porque el conocimiento requiere abstracción, una decisión única es mejor por más abarcativa que la multiplicidad de planes. Educar se convierte entonces en deseducar, al menos en uno de los aspectos más importantes. Es decir, se convierte en unificar, moldear, hacer entrar algo complejo en un molde simple. Como los dogmas antiguos que se describían en los libros sagrados.

Se escucha a los candidatos políticos decir cómo van a "gobernar", es decir, cómo van a someter. Se debate todo lo que tiene que resolver el poder político sin límites, porque nadie advierte ya que cuanto más decide el poder político menos decide esa sociedad compleja que había ganado el respeto al individuo como valor. Los problemas se multiplican y todos piden mayor "control". El control fracasa, porque el orden complejo no puede ser abarcado por una autoridad centralizada. Pero lo que ve el educado, el adoctrinado, es falta de control. Es que no se ha encontrado "la" solución. Cuando se les dice que no existe, lo que escuchan por haber sido educados es que el interlocutor no se preocupa como ellos por los problemas.

Libertad pasa a ser una palabra hueca. O apenas poética, que será reemplazada por otros sentidos si es necesario, porque reconocer que no se quiere la libertad, no queda bien. La república deja de ser un sistema de contrapesos para evitar abusos y se trastoca en un civismo donde canalizar todo tipo de ideas lindas.

Pero quería definir más en concreto cómo seríamos libres hoy, para compararlo con lo que tenemos a ver qué tal nos fue a lo largo de un proceso lento y persistente de transformación desde el respeto a esto. Debemos lograr algo más que liberarnos del estado que es despegarnos de todo ese conocimiento unificado y el entusiasmo por mejorarlo todo por la fuerza que tienen los que nos están pasando por encima.

Si fuéramos libres sólo tendríamos los documentos de identificación que nos sirvieran para actuar en el mundo de los negocios o para votar, que fue el sentido original. Ningún gobierno nos atribuiría derechos, mucho menos una nacionalidad. En realidad incluso que un gobierno nos atribuyera una nacionalidad para determinar qué derechos tenemos o por donde podemos pasar sin que ese gobierno nos agreda, sería considerado un crimen gravísimo.

Si fuéramos libres no tendríamos que suministrar ninguna información sobre ninguna transacción, trabajo, movimiento financiero, contrato, patrimonio, activo o actividad económica. Imaginemos que tuviéramos que decirle a nuestro vecino a dónde vamos, de dónde venimos, qué tenemos, cuánto ganamos hoy. Sentiríamos que somos sus esclavos. Pues bien, ser libre es no ser ni esclavo del vecino, ni esclavo de nadie más, sobre todo de un gobierno que es un aparato armado.

Si fuéramos libres y al cruzar una frontera, que es nada más que el límite de un gobierno, y alguien nos preguntara a qué vinimos, lo mandaríamos a pasear por indiscreto. No es su problema señor a a qué vengo yo.

De ser libres no pagaríamos por nada que no hubiéramos adquirido porque quisimos. Algunos se escandalizarían por el hecho de que así no habría gobiernos, ni estado ni otro tipo de organización política. Yo solo estoy diciendo cuál es la condición para ser libres, tal vez mucha gente piense que no debemos serlo porque alguien o algo tiene derecho a sacarnos cosas para seguir unos fines que considerarán maravillosos. No pueden hacerlo sin terminar con nuestra libertad. Y supongo que si algo no existiría de poder elegir nosotros que exista o no, mi posición es que no es algo bueno, sino malo.

Si fuéramos libres no tendríamos que aprender nada que no quisiéramos aprender, ni venerar a nadie que no hubiéramos elegido venerar. Podríamos repudiar las banderas y a los que inculcan a otros que nacieron con el derecho a ser mantenidos. Por supuesto que si fuéramos libres, los que consideran que está mal no mantener a otros, no podrían imponernos su moral aborrecible.

No perderíamos nuestra libertad por no votar, pero si la perderíamos siguiendo órdenes de quienes no hemos pactado recibirlas a cambio de un salario y podríamos renunciar a ese salario y a seguir recibiendo órdenes cuando quisiéramos. Del mismo modo, de ser libres no nos dirían que estamos obligados por un pacto social al que no adherimos y mucho que no podemos escapar de él, como si no hubiera siquiera diferencia entre un contrato y una condena.

Si fuéramos libres compraríamos, venderíamos, contrataríamos y despediríamos a quienes quisiéramos sin darle ninguna explicación a nadie por nuestras decisiones.

Si fuéramos libres discriminaríamos con o sin razón a quienes quisiéramos porque nadie tiene derecho a ser apreciado por nosotros ni a que les contestemos si nos preguntan si nos gustan o no nos gustan. Las acciones privadas estarían exentas del juicio de cualquier autoridad. Si fuéramos libres y agrediéramos a otros, sin embargo, tendríamos que aguantarnos la respuesta y ninguna discriminación como motivo jugaría ningún papel. En mi libertad, repudio profundamente las segregaciones religiosas, sexuales, nacionales raciales o cualquier otra de tipo colectivo. Pero nadie que fuera libre estaría obligado a elegir como yo, ni a dar explicaciones de cómo elige si no comete ningún crimen.

Un día seremos libres, porque nos consideraremos con derecho a serlo. Habremos tirado a la basura buena parte de nuestra educación y del lento sometimiento al que estamos acostumbrados. Nos daremos cuenta de que no debemos lo que dicen que debemos y que somos más fuertes que los que nos someten. Como seremos libres de nuestros frenos inculcados, tendrían mucho miedo nuestros tutores de que les devolvamos sus atenciones. Seremos libres cuando nos deshagamos de los fantasmas de que el mundo caerá porque lo seamos, o que seremos expulsados del paraíso estatal que nos condena, que es un miedo que ninguna persona racional debería tener.

LA NUEVA GUERRA AMERICANA

Este no es un artículo histórico sino sobre las circunstancias políticas de la región actuales, que en todo caso habría que comparar con otras épocas.

Los sistemas autoritarios que aparecieron en los últimos quince años en Venezuela, Argentina, Bolivia, Ecuador y Nicaragua, que se identifican como un neo-marxismo llamado populismo y que son hoy una extensión de la estrategia de supervivencia del régimen cubano, tienen algunas características comunes que me han llevado a reflexionar acerca de qué es lo que no estamos viendo. Creo que es algo que si vio la vieja Iglesia identificada con la llamada Teología de la Liberación a la que creo que el actual papa responde.

Mi percepción es que hay una polarización anticapitalista, que todavía no ha encontrado una resistencia clara ni conceptual ni política. Porque si bien sostenedores de los principios de la libertad hay muchos, todavía eso no se encuentra estructurado como una contraofensiva general respecto de la otra tendencia.

En el número anterior de Crónicas comentaba el fenómeno libertario en Estados Unidos y la propensión a crecer en adeptos entre los más jóvenes. Pero Estados Unidos tiene su propio ring, con reglas un tanto más claras. Hay una izquierda cultural y económica con la que se confronta de verdad. Como también comenté en el número 4, la izquierda cultural no es ni la libertad frente a las drogas, ni ante el matrimonio, sino que toman esas posturas, como lo ha definido Krugman, como una fuerza anti-conservadora e igualitarista. Mientras del otro lado una buena parte de los llamados conservadores pretende mantener las cosas como están en esas áreas.

El enfrentamiento cultural del que hablo con la izquierda norteamericana se da en la economía, en la aceptación orgullosa del afán de lucro, en la idea de riqueza como aventura personal y como premio al mérito. Todo lo cual la izquierda aborrece.

En Latinoamérica la cuestión se presenta de otra forma. Está la izquierda neo-marxista muy parecida al nacional socialismo, confundida de hecho con el nacionalismo en un pastiche antiliberal unificado, ahora con la mirada complaciente de la Iglesia. Del otro lado no hay una alternativa cultural, sino versiones de la misma aversión al comercio con un mayor grado de tolerancia y un repudio a la enorme corrupción que han sumado los populistas a una región de por sí muy corrupta. A lo que se le llama conservador en Latinoamérica es a la defensa de posiciones perdidas de poder, sin ninguna intención por representar un debate de principios o cultural.

Sin embargo hay señales que obligarán a las definiciones. Voy a poner el ejemplo argentino para definir algo que en el caso de Venezuela, Bolivia o Ecuador, es incluso más válido.

En Argentina el gobierno está involucrado de una manera aún no determinada en el homicidio del fiscal Nisman. El aparato estatal se ha dedicado a denostarlo queriendo demostrar que matarlo estuvo justificado. Nisman había hecho una denuncia muy grave contra la presidente Kirchner y miembros de su gabinete y partido, señalando que llevaba a cabo un plan con el gobierno de Irán para utilizar el memorandum de entendimiento sobre el atentado contra la AMIA, para liberar de culpa a los imputados de ese país en el hecho. Un juez resolvió, después de que mataran al fiscal por esa denuncia, que ni siquiera había que investigar la denuncia de Nisman porque no tenía valor jurídico. Entre otras cosas porque, según él, no era lógico pensar que la señora y su corrupto marido muerto hubieran llevado adelante un plan tan repugnante. Ese es el nivel de una resolución sin apariencia alguna de legalidad.

Otro fiscal apeló y un tercero ratificó la apelación. Pero dos de tres jueces de una sala que responde al gobierno, habiendo publicado todos los diarios que lo hicieron por intervención del candidato a presidente del oficialismo, decidieron otra vez que no valía la pena investigar nada, que el fiscal muerto (y sus asesinos seguramente), eran unos mal pensados. Entonces el segundo fiscal volvió a apelar ante la Cámara de Casación, pero los integrantes de la sala anterior se encargaron de demorar el trámite de modo que el asunto llegara a un otro fiscal identificado abiertamente con el partido oficial, que terminó por tirar a la basura la denuncia por la que mataron a Nisman. La facción oficial en la justicia lo respaldó, demostrando que se trataba de una posición partidaria.

Tomo este caso por ser por completo representativo de la abierta arbitrariedad con la que las instituciones se convirtieron en una simulación estúpida.

Las facciones del anti-liberalismo conocido como socialismo del siglo XXI nos notifican de que toman el estado para usarlo a su favor, en nuestra contra y que la justicia es un valor subordinado a sus intereses. No hay justicia en el estado para nosotros y ellos no pueden ser alcanzados por el aparato represivo oficial, solo nosotros. El impuesto por lo tanto es una forma de pago al enemigo bajo amenaza.

Esto quiere decir que no hay ninguna legalidad en la relación entre la facción y quienes no formamos parte de ella. Es idéntica a la que podemos tener con unos asaltantes. Es una relación de enemistad con un aparato recaudador que es usado para castigarnos.

Los periódicos de la maroma cultural que no los enfrenta dicen que no aceptan a los que piensan distinto. Pero no les importa nada cómo se piense. Al grupo criminal oficial lo que le molesta y por lo que nos castigará, es que alguien no los deje delinquir. En última instancia incluso, matan.

No soy belicista, no me gustan ni estéticamente los amigos de los ejércitos. Pero aquí hay una guerra donde la gente pacífica está siendo atacada. Sus derechos no valen, su integridad física tampoco e incluso su vida, todo está subordinado por el uso brutal de la fuerza a estados criminales despojados de legalidad que siguen intereses de facción. Por mucho menos América fue a las guerras de independencia en el siglo XIX.

El socialismo del siglo XXI ha atacado sistemáticamente a la población rebelde con los estados conquistados. Hicieron que no pese sobre ellos ni la responsabilidad por la legalidad internacional. La izquierda derrotada en las décadas del sesenta y setenta en sus planes de revolución marxista sangrienta, estuvo victimizándose y construyendo con el apoyo de todos los sectores que pretendían tener una legalidad que excluyera aberraciones inaceptables; una forma de legalidad de los llamados derechos humanos. A la primera oportunidad que tuvieron de estar en el poder, pisotearon todas las instituciones y se burlan de los compromisos de respeto a las minorías y de las reglas republicanas contenidos en los organismos multilaterales de la región.

Por eso el otro hito de la declaración de guerra es la última cumbre de las Américas, donde quedó plasmado que los actos criminales de la izquierda, como los de Cristina Kirchner y sus secuaces, quedan exentos de todo juicio. Así la dictadura de Maduro fue respaldada por sus cómplices con la matanza de estudiantes y el encierro de opositores.

Hay una guerra en la que la fuerza está siendo utilizada de un solo lado y del otro se encuentra el desconcierto acerca de qué es lo que está en juego. Unas víctimas que no se animan a defender su libertad con valores opuestos a los que proponen sus enemigos y que son los que los someten. Intuyen que la doctrina totalitaria que se exhibe del otro lado es agresora, pero no han caracterizado por qué. Solo un pequeño grupo entre los liberales enfrenta a la nueva izquierda nacional socialista en todos los frentes, la mayoría de ellos incluso se dedican a simular que todavía están en una etapa de difusión de las bondades del mercado entre un público indefinido que lo cambiará todo una vez que entienda.

El problema es de falta de juicio sobre la situación. Hay una guerra por imponer sistemas totalitarios que no se podrán cuestionar, en nombre del pobrismo y el reparto del dinero a un modo socialista, dentro de un esquema esclavo que agrada al papa Francisco, para quién el dinero liberador de las masas no es nada menos que "estiércol del diablo". No quiero decir con esto que el propio papa sea parte de la guerra. El es sí un simpatizante de los atacantes y tal vez otras generaciones puedan juzgar su actitud como la de otros antecedentes lamentables de la historia de la Iglesia.

No se cómo puede responderse a este ataque y ganar esta guerra, pero no creo que sea un problema de ganar elecciones, porque aunque las perdieran y aceptaran perderlas, seguirán actuando como organizaciones enemigas con las que no se podrá convivir. Estarían esperando tener de nuevo el poder por la misma vía utilizando cualquier mecanismo, para doblegar el esfuerzo bélico. Intuyo que la habilitación de la secesión y los pactos de separación serán necesarios para evitar en la mayor medida posible el derramamiento de sangre. Ojalá no tuviera que haber ninguno, pero tantos han dicho que más vale morir libre que vivir como esclavo, que me eximo de abundar en el asunto.

Si tengo un poco más claro algunas respuestas que habría que dar. En primer lugar la respuesta frontal moral absoluta. El rechazo al pobrismo como forma de sembrar la impotencia entre la gente definida como pobre, la denuncia del sueño repudiable de una esclavitud bien alimentada que disemina la Iglesia de èste papa y todos estos sistemas de gente corrupta, bajo la cual se esconden. Un enfrentamiento no apto para tibios ni temerosos de ser señalados desde la corrupción absoluta que representa la izquierda criminal que ha tenido las cosas tan fáciles estos años. Una lucha no apta para quienes son adictos al aplauso y a la evasión de los conflictos. Debe dejarse de

promover las actitudes tibias como si fueran bien edu-
cadas; son inmensamente corruptas en estas circunstancias.

En segundo lugar estudiar y promover los mecanismo de secesión. Encontrar salidas para no tener
que convivir con los salvajes. Diluir las divisiones na-
cionalistas que siempre son falsas, pero más graves
son ahora. Las divisiones deben ser morales y las
fronteras con la moral no tienen relación.

Relativizar la legitimidad democrática como si
fuera absoluta y alcanzara para convertir en legal el
abuso del poder. Reivindicar y promover los mecanis-
mos de remoción y dejar detrás la condena a los movimientos para derrocar gobiernos criminales. La
inestabilidad de gobiernos republicanos es un problema menor frente a la estabilidad sin remedio del nacional socialismo de la izquierda latinoamericana.

Debe actuarse contra la legislación que impide el
manejo privado de fondos. Debe hacerse ver a los países como Estados Unidos que promueven la suprema-

cía de la banca llamada "on shore" que ese tipo de medidas son el cadalso de los movimientos liberales y la mejor ayuda que el enemigo podría tener.

Debe haber una alianza continental contra el totalitarismo y un mecanismo amplio de colaboración y solidaridad para llevar a cabo con convicción esta verdadera guerra.

Pero lo primero es sin duda situarse correctamente frente al problema. Porque si no lo reconocemos somos un blanco demasiado fácil.

LO QUE NO SE DICE DEL CONTROL DE LAS DROGAS

Mientras la producción y consumo de marihuana empieza a lograr una relativa flexibilización, apelando a su uso medicinal o recreativo en estados como Colorado y Washington y países como Uruguay, subsisten reacciones en contra muy persistentes. El senador Rand Paul, precandidato republicano a la presidencia apoya el fin la prohibición a nivel federal, uniéndose a los senadores demócratas Cory Booker Kirsten Gillibrand. Ted Cruz, otro de los precandidatos republicanos, está en contra de la legalización, pero entiende que los estados como Colorado y Washington tienen derecho a seguir adelante con sus normas. Hubo un cambio en la posición de Cruz respecto de un año antes, cuando criticaba a Obama por no hacer intervenir a través del Departamento de Justicia contra lo dispuesto por los estados en cuestión. Otro contendiente, Jeb Bush, comparte esa posición.

En la postura opuesta se encuentra el tercer candidato republicano, senador Marco Rubio. Está en contra de la legalización y pretende que el gobierno federal intervenga para poner fin a los negocios legales en torno de la marihuana. En esa misma línea se encuentra Chris Christie, para quién la legalización es "riesgosa".

Hay dos problemas entonces, la opinión sobre que debe hacerse con el cannabis y, por otra parte, qué debe hacerse con el sistema federal.

Del lado demócrata, Hilary Clinton ha ido variando su postura desde una total oposición, a la legalización, a la tolerancia a la legislación al nivel de los estados y a realizar consideraciones respecto del uso medicinal.

Hay una serie de disquisiciones además acerca de qué significa des-criminalizar o legalizar, en las que no voy a entrar porque carecen de interés frente al problema general. Esto es porque toda esta discusión me parece una vergüenza, preferiría no ser testigo de la corrupción profunda del concepto republicano de gobierno que hay detrás de todo el problema drogas en general. Es tan superficial, en ese sentido, la discusión sobre qué hacer con la marihuana como sería cambiar la hoguera por los azotes en plena inquisición. Es que no se ha entendido el principio de la libertad individual, se ha perdido por completo que una república es el desarrollo del concepto de autogobierno o es una bodoque inservible política y éticamente, que es precisamente el sistema en el que estamos viviendo.

Separar el tratamiento político de la marihuana del de cualquier otra droga por sus efectos médicos más o menos perniciosos es ridículo. Tanto como que tenga un tratamiento diferente la marihuana respecto del clonazepam, la aspirina o la leche de cabra.

La discusión incluso acerca de qué pasaría con el consumo o con las mafias si el gobierno no se metiera, también me parece de segundo orden. El asunto grande, el elefante en este zoológico del sinsentido es que el gobierno no tiene autoridad legítima para tratar a los ciudadanos como si fueran sus hijos. Se que lo que salta de inmediato es la alarma de todos los peligros y fantasmas inducidos por los estados sobre esta cuestión. Enseguida se dice que los "drogados" son un peligro para terceros. Bien, es una falacia, pero no importa. El problema es que el gobierno, repito, no puede tratar a los ciudadanos como si fueran sus hijos, por lo tanto no puede restringir su libertad preventivamente, como si se tratara de adolescentes a los que hay que proteger de sus propias decisiones. Porque si los ciudadanos fueran eso, el estado republicano se cae en sus fundamentos con una mayor facilidad que un castillo se naipes.

Se ha corrompido a la política por hacer política de drogas. Pero ni siquiera hablo de la corrupción de los políticos y las policías como un efecto secundario.

Hablo de la corrupción mucho más profunda de naturalizar que un delegado político puede usar la fuerza pública cuando no hay afectación de derechos de terceros, porque es un tutor. Esa es la mayor podredumbre producida por esta cruzada tan infeliz contra las drogas que lleva ya un siglo de fracaso rotundo.

Temas como drogas, educación y últimamente "discriminación", nos ponen a discutir otras cosas como si el estado imponiéndose como censor y juez moral estuvieran fuera de juicio. La trampa es que al intentar centrarse en esa cuestión, quienes están preocupados por esos temas interpretan que su interlocutor no lo está o aprueba la vida de quienes viven para drogarse, se niegan a estudiar y desprecian a su vecino por ser distinto. El estado autoritario ha hecho un eficaz trabajo de dividir a la sociedad mientras avanza.

Este proceso lleva ya más de un siglo. El estado es otro al final del camino. Si en 1906 cuando se crea la *Food and Drugs Administration* para obligar a los productores de alimentos a especificar sus ingredientes, alguien le hubiera dicho a la población norteamericana que el gobierno impondría cuotas de personal según el color de piel o perseguiría a los comerciantes que eligieran a quién atender en sus negocios, hubieran reaccionado de un modo muy violento. Pero después de que el gobierno es admitido como inspector en un asunto que no le pertenece, es cuestión de usar el mismo principio para otros temas. No es legítimo que el poder político investigue si no existe un hecho que lo justifique y un juez que lo ordene. Si se acepta que mire qué consumimos, todo lo demás será una evolución hasta que se haya olvidado siquiera que pueda ser repudiado el papel paternal de un organismo político como un cuidador. El que se opone al tutor, se convierte en enemigo de todos.

Nunca llegaremos a discutir esto porque el aparato estatal disemina el miedo. El cataclismo sucedería a la prescindencia del gobierno en materia de qué decidimos consumir parece obligarnos a olvidar este problema. En una de tantas discusiones irracionales a las que me ha llevado este asunto, alguien me dijo: ¿Qué pasaría si el estado permitiera el consumo del kerosene? Nada, fue la respuesta, está permitido que la gente consuma kerosene y no lo consume, lo que está prohibido es que use morfina mientras está padeciendo extremos dolores atacado por una enfermedad terminal. No vaya a ser que se convierta en adicto. Tan extremo es el efecto de pervertir la relación política como un vinculo padre/hijo, que ni siquiera importará el cataclismo ya no hipotético sino comprobable de una violencia incontenible provocada por la prohibición de este mercado y que todo eso sea para obtener cero resultado.

El estado ha impuesto la mistificación en varias cuestiones, para evitar el sentido de libertad y convertirlo en un aparente lujo que no nos podemos dar, estando rodeados de alimañas.

Un día, como dije, ese estado se convierte en juez del pensamiento. En la Argentina se ha dictado una llamada "ley de identidad de género" que establece cómo se debe tratar a las personas de acuerdo a la identidad que le hayan dado los documentos oficiales. Su artículo 1ro inciso c, determina que toda persona tiene derecho "A ser tratada de acuerdo con su identidad de género y, en particular, a ser identificada de ese modo en los instrumentos que acreditan su identidad respecto de el/los nombre/s de pila, imagen y sexo con los que allí es registrada"

Traducción. Si una persona de un sexo decide identificarse con otro y el gobierno lo aprueba mediante un documento de identidad, las demás personas estarán obligadas a adoptar la misma identificación. Suena muy moderno y tolerante, pero es todo lo contrario. Un ejército de políticamente correctos salieron a identificar a todos aquellos que le dicen "el" a un travesti (como acabo de hacer), para obligarlos a cambiar sus palabras en nombre de la ley. Las víctimas del disciplinamiento se ven obligadas a cambiar la realidad según la perciben y adoptar la realidad oficial. Nadie se asombra de que el estado esté ya a cargo de determinar cuál es la realidad que tiene "la razón". Nos pueden decir ya cuál es "la" historia, cuál es la ética. A nadie le llama la atención, ni siquiera a la mayoría de los abogados, que nos digan cuál es el derecho. Ni imaginan que exista una alternativa.

Coincido con Thomas Szasz en que sólo uno debe etiquetarse a si mismo y que lo mejor es respetar ese etiquetado. Pero cambiar el comportamiento ético de la gente por la fuerza del estado, es mucho peor que cualquier brutalidad cometida en el terreno privado, que tiene remedio en la persuasión.

Un dato curioso es que el mismo sector oficial que propicia estas políticas de disciplinamiento, entiende que el estado debe ser muy suave cuando un delincuente asalta a una persona en la calle, la mate o le robe. Pero si alguien le dice "el" a un travesti, el mismo estado debe volverse implacable.

Deberíamos negarnos a discutir con el gobierno si un travesti es o no una mujer, y también si las drogas son buenas o son malas. El estado en cambio decide cuáles drogas son malas, cuales son buenas pero debemos ser autorizados por un experto a consumirlas y cuáles directamente son obligatorias. Esto último ocurre con sustancias como la retalina que los padres son obligados a suministrar a sus hijos según el criterio de control de un tirano del establecimiento educativo que lo examina en su conducta y lo señala como enfermo. Pero nadie se preguntará sobre la autoridad política y ética que tiene el estado para eso. Quién se preocupe por semejante detalle quiere un mundo de cocainómanos, brutos y donde los travestis sean perseguidos. El estado nos ha convencido de que el poder representa al bien. Ya ni siquiera que el poder (es decir la violación de la voluntad ajena) sirve para hacer el bien. Ahora el poder es en sí el bien.

¿Cuánto falta para que quienes están en el gobierno se den cuenta de que tienen todo el terreno a su favor para tomar el control total? Conceptualmente poco.

Me parece indispensable discutir el problema del control político de las drogas como lo que es. El uso criminal del aparato político y la corrupción más absoluta de su sentido.

UN NUEVO FEUDALISMO

Nos tocó en esta época estar metidos en un proceso de colectivización en el que el estado es percibido como una herramienta fácil para poner fin a la incertidumbre. Es una vuelta al pensamiento mágico. El funcionario sólo tiene que pensar el nombre de su oficina, hacerse aprobar un presupuesto y ponerse a trabajar en, por ejemplo, la promoción de la "cultura". Esto aparentemente no tiene un costo, lo pagan los ricos, los que "más tienen", de manera que la población no lo sufre, sólo tiene que disfrutar del hecho de que los funcionarios den existencia a un producto llamado cultura que no se diseminaría si no fuera por ellos.

Pero fundamentalmente el estado promete terminar con las "diferencias sociales", igualar los ingresos de unos y otros, porque en primer lugar está establecido que las diferencias son injustas y, en segundo lugar, está claro que en el proceso de terminar con ellas, ningún mal se puede causar.

Este sistema de fe, necesita por supuesto de cierto apoyo trascedente. Eso abarata terriblemente la aceptación de estas condiciones de ejercicio del poder. El papa Francisco ha llegado en ese sentido a cumplir un rol fundamental consagrando el principio de la igualdad en reemplazo de la justicia y que una autoridad debe cuidar a la sociedad de un número indeterminado e ilimitado de pecados, como pagar poco o contribuir al nuevo demonio del "calentamiento global".

Si bien es cierto que la Iglesia lleva mucho tiempo emitiendo documentos igualitaristas, este Papa cuestiona directamente el principio de justicia y postula su suplantación por la igualdad y el populismo. Esto es el poder político al servicio de todos los débiles. La fuerza vengadora, porque el poder no es otra cosa que fuerza, por más que se lo quiera disfrazar de Santa Claus.

Un mundo basado en un cuento, claro conciso y comprable por las personas más simples. No existen los problemas, sino que faltan las oficinas, las funciones y las facultades políticas que se ocupen de ellos. La autoridad lo puede todo, en esto se basa el pensamiento autoritario benevolente de nuestra era.

Es interesante el papel que la igualdad cumple en este esquema. Durante la baja edad media el vasallaje estaba plenamente apoyado desde la Iglesia, que formaba un estamento político propio. El campesino y el siervo eran parasitados por los señores feudales y la Iglesia. Por lo tanto el cuento era el de la desigualdad como un valor. Había que disminuir al productor moralmente y poner por encima de él a los miembros del clero y la nobleza y sostenerlo todo con un Dios a medida que ese clero usaba como producto. Dios mandaba a obedecer.

En la Alta Edad Media esto empieza a cambiar con el fortalecimiento del comercio, el intercambio monetario y los burgos. Los burgueses empiezan a ganar una escala que los hace pensar y lograr su libertad. La revolución industrial trae la producción a escala, la empresa empieza a ser el centro de la actividad económica. El asalariado del floreciente capitalismo es el principal emergente general de este cambio. Los sistemas políticos se transforman y ahora la nueva ética de legitimidad se encuentra en el poder del ciudadano común. La igualdad ante la ley, destruye la desigualdad feudal. Riqueza y poder político se separan. La Iglesia no tiene príncipes a los cuales bendecir y se transforma en un servicio espiritual para la gente. No juega ningún rol en cómo se distribuyen los bienes y el poder.

El nuevo cuento para sobreponerse será la igualdad, pero no ante la ley, la igualdad total. Porque ahora el poder, o la fuente de poder en realidad, está en el votante. El votante vive mucho mejor que los vasallos y siervos, ve crecer sus ingresos cuando el capital triunfa en una aventura productiva, sin necesidad de compartir sus riesgos. Pero tiene una posición política cómoda, como la de la familia del Señor. Decide quién gobierna y al hacerlo, con el paso del tiempo y el olvido de los principios, también decide cuánto gobierna. Entonces los mismos que en nombre de Dios defendían la desigualdad, en esta época defienden esa igualdad según la cual el mérito no tiene que cumplir ningún rol en la forma en que obtenemos ingresos. El mérito laico no le interesa para nada a los tutores. La aceptación del consumidor tampoco. Hay que imponer una nueva forma de orden moral que consiste en que todo el mundo tenga lo mismo, sin principio de justicia racional alguna. Dios lo manda, nos dicen.

Tenemos al empresario y al capital, que asumen riesgos de perderlo todo. Muchos pierden, algunos subsisten. Los que subsisten pagan unos sueldos que, de no haberse aventurado, no existirían. La política volcada a la izquierda, ahora con una intervención decidida de la nueva Iglesia franciscana, están para juzgar a esos nuevos productores. Ayer los campesinos agobiados, hoy los empresarios exitosos. Pero pronto muchos de ellos se convertirán en agobiados. Saldrán del mercado, la pobreza crecerá en forma de barrios marginales, pero el sistema político moral neo-feudal no tiene interés en encontrar otra explicación a eso que no sea el mal y el egoísmo de aquellos que han producido lo que Dios les ha dicho a ellos cómo repartir.

Quiero insistir en el aspecto político, en el negocio que existe de depositar culpas en el que hace, como el siervo de ayer, para esquilmarlo y comprarse los asaltantes el papel de redentores. Nada ha cambiado tanto. Solo que la enorme capacidad productiva del capital instalado y el avance tecnológico que ocurre fuera de los conventos, les otorga a los nuevos señores, unas herramientas de control y sometimiento muy baratas.

No es agradable meterse con este tema. Mucha gente tiene convicciones religiosas profundas. El asunto es que en la antigüedad esto llevaba implícito de un modo muy directo el sometimiento político y la obediencia bajo amenaza de castigo. Hemos vivido la etapa de la privatización de la religión, que se vive como algo personal y que no tiene en sus manos la posibilidad de la coerción. La izquierda representa la reunión otra vez del pensamiento moral del sometimiento y el mazo estatal. La Iglesia vuelve a montarse en eso, para quedarse con los frutos de ese trabajo. Eso corromperá al estado y corromperá a la Iglesia. Hay mucha gente religiosa que no aceptará que se le ofrezca política en el catecismo.

La falla de este plan es que el feudalismo es improductivo. La economía es mucho más grande y el avance tecnológico hace a los parásitos menos pesados de mantener, pero muchos proyectos productivos se cancelan por el peso impositivo que es producto de ese cuento con el que arranqué este artículo. Entonces la pobreza marginal de todo este parasitismo se convierte en insumo de los vendedores de igualdad en un círculo vicioso, sembrando más y más resentimiento contra el que produce sueldos. A ese se le atribuyen todos los males, incluso, como lo hace el papa, el daño ecológico a la Pacha Mama. El sistema se retroalimenta y el cuento termina mal. Como terminó en Baltimore, ciudad acostumbrada a los planes sociales y la explicación resentida de la vida que propaga la izquierda norteamericana. O en Europa, donde los jóvenes desencantados del bienestar prometido por la socialdemocracia se convencen de que su sociedad está ganada por el mal y se embarcan en la violencia teocrática en tierras lejanas.

Los parásitos son como el alacrán que pica a la rana. El método de dominación no funciona porque en una sociedad libre los ricos no son los que "más tienen" sino los que producen. Las tenencias se liquidan rápido y el flujo desaparece.

Quienes quedan al margen del flujo económico, son definidos como impotentes por los igualitaristas. Porque si los pobres son impotentes, ellos son poderosos. Lamento pinchar el globo de los que creen que toda esta demagogia de moda según la cual la sociedad exitosa tiene que mantener a la no exitosa, pero su definición de la pobreza no es otra cosa que la definición de su propio poder y de su rol social, además de su legitimidad para parasitar a quienes producen.

La otra debilidad es que el definido impotente termina siendo esclavo del sistema político. Lo usarán para la violencia y para el voto. Primero se lo disminuye, luego se lo alimenta y al final el alimento se intercambia por votos.

La nueva sociedad feudal tiene como la original un sector productivo y otro parasitario. Dentro de estos segundos están los políticos, la izquierda como pensamiento fundamental parasitario del estado, la Iglesia si termina de sumarse como elemento legitimador y los mantenidos, a su vez votantes esclavos, quienes se sostendrán en el límite de subsistencia en el mejor de los casos. Estos últimos no tienen mucho que ganar. El capitalismo les ofrecería su crecimiento, el mejoramiento paulatino de sus vidas como ya lo ha hecho. Mientras el sistema parasitario les ofrece lo básico, pero no se los da (agobia a la producción, destruye salarios y ofrece beneficios paupérrimos), junto a un sistema de pensamiento mágico, resentimiento y odio en nombre del amor; el capitalismo no promete nada, solo se la pasa trabajando para solucionar problemas y satisfacer necesidades. Estos beneficiarios teóricos del igualitarismo, son las víctimas más numerosas del nuevo feudalismo.

Esto necesita ser develado y que el mensaje llegue a los siervos productivos e improductivos del sistema, que pueden generar el cambio.

DESTRUCCIÓN DE VALORES

Gramsci y la violencia de género

Argentina es un país gobernado desde hace 12 años por un grupo que, desde el vamos, tenía en su haber la desaparición de mil millones de dólares de una provincia. Un gobernador que llegó a la presidencia favorecido por un presidente provisorio (Duhalde) para evitar la llegada de Carlos Menem a su tercera presidencia, había sacado fuera del país ese dinero y nunca más se supo de él. Llegó a presidente con el 22% de los votos después de que Menem renunciara a participar en la segunda vuelta electoral. El gobierno de Kirchner, seguido después del de su mujer, se dedicó a construir un imperio propio al rededor del estado. Administró el país como si fuera un botín. Para eso se alió a la primitiva izquierda violenta del peronismo, reavivando juicios de derechos humanos, a costa de tirar por la borda todo tipo de garantías constitucionales. También fue apoyado en eso por todo el país "bienpensante", porque el valor máximo de la corrección política era estar contra Menem y Kirchner ofrecía la vuelta al estatismo más acérrimo. Practicó una receta estrictamente populista para acrecentar su poder. Es decir, la explotación de cualquier debilidad para legitimar el poder absoluto y la expoliación masiva en favor de su grupo.

Parte importante del método político kirchnerista ha sido favorecer al delito. No solo el propio, sino el común. Instalar jueces que propician que los delincuentes son víctimas de la sociedad y que luchar contra el delito es luchar contra los pobres. Suena absurdo para cualquiera, pero esto que acabo de decir es bastante textual, no se trata de una exageración. Toda protesta por el delito callejero era tomada por un gran aparato de propaganda como fascismo. El kirchnerismo fue la primera banda política en tener su propia agrupación de delincuentes en las cárceles, llamada "Vatayón militante", así, con V.

Esto último es también parte de una metodología gramsciana de destrucción de valores (incluida la V). No porque detrás haya una utopía socialista, sino el interés de una banda por tener todo el poder y el control y quedarse con los recursos. Nada tiene que valer, porque el individuo debe ser sometido a unas condiciones en las que no pueda confiar en su propio juicio. Eso lo hace fácil de manejar.

Otra parte de la metodología es la creación y utilización del mito, al que llaman "relato". Los "derechos humanos" son el mito que incorporaron, bajo el cual justificaron todo tipo de defraudaciones al fisco. Convirtieron a las Madres de Plaza de Mayo en una empresa constructora de viviendas y produjeron un desfalco de unos trescientos millones de dólares. Bonafini al identificarse con los derechos humanos era intocable. Podía emitir cheques sin fondos que los jueces no se atrevían a meterse con ella. Ese era justo el tipo de impunidad que Kirchner vio que podría lograr subiéndose a la ola izquierdista. Para Kirchner la "ideología" era una cobertura para robar, como lo es para todos sus seguidores hoy, ninguno de los cuales hace referencia a ideas, sino sólo conflictos donde ellos son buenos y quienes se oponen son malos. Es decir, populismo.

Los medios fueron controlados mediante la pauta oficial, las amenazas y el uso de los organismos de inteligencia. Durante los primeros años del kirchnerismo la política fue prohibida de hecho en la televisión abierta y ya promediando su mandato, también en la televisión por cable. La información se des-politizó como en los años de gobiernos militares. Solo después de romperse la relación de la banda de Kirchner con el grupo Clarín, volvió de a poco el periodismo. A partir de ahí, Kirchner comenzó un plan de conquista cultural comprando personajes de la farándula para que lo defendieran de cualquier cosa, e incorporando jóvenes sin escrúpulos con grandes sueldos para realizar trabajos partidarios con dinero del estado. Armó su propio sistema de propaganda para reemplazar a

Clarín. Su propósito fundamental era denostar a los adversarios para mantener al país en conflicto permanente. A esto le llamó la propaganda "revalorizar a la política", aunque era precisamente lo contrario a lo que habían hecho. Retiraron la política y después la reemplazaron por grupos de fanáticos que carecen de opinión propia o de ideas. Nada más toman partido en el momento que se los indica el poder, contra aquellos que les indica el poder.

Volviendo a la seguridad, el índice de delitos creció exponencialmente. La policía fue instruida para no recibir denuncias de modo de manejar las estadísticas. La sociedad así se mantenía atemorizada, anulada políticamente y entretenida con los conflictos preparados por el estado. Todo fue reemplazado por peleas de la farándula decadente.

El populismo requiere utilizar el resentimiento. El estado es el que pone fin a las "injusticias sociales". Entonces mientras a un argentino se lo puede matar en la calle en nombre de la lucha de clases, nadie puede decirle a otro cosas discriminatorias como hacer alusión a su peso, estatura etc. El gobierno administrativamente sanciona toda discriminación de modo estricto, reitero, mientras avala los crímenes. La razón es que la discriminación alude a actividades antipáticas de la población pacífica, donde el gobierno puede meterse para dividir. No produce ningún efecto en el comportamiento antipático, no es lo que le interesa, sino mantener disciplinada a la sociedad y acostumbrada a que el gobierno produce las consignas y la sociedad obedece.

La introducción ha sido larga para llegar a la cuestión del título, la llamada "violencia de género". La ley en cuestión fue sancionada en el año 2009, pero en plena competencia electoral de este año 2015, el estado ha iniciado una campaña para que en todos los programas de televisión y radio se convierta en el monotema la llamada "violencia de género" y el "femicidio". Cualquiera diría siguiendo los medios argentinos que de repente los hombres se han puesto a matar mujeres y de modo no menos repentino, al gobierno le empiezan a importar los crímenes. Pero en realidad es todo lo contrario.

Primera aclaración. El Código Penal argentino sanciona al homicidio, como no podía ser de otra manera. El homicidio no hace ninguna referencia de género, es sólo el idioma castellano. Se sancionan del mismo modo las muertes de varones y mujeres. En segundo lugar, uno de los agravantes del homicidio es la "alevosía", es decir la debilidad de la víctima aprovechada por el victimario. No importa si uno u otro son varón y mujer. La alevosía incluye cualquier evidente desproporción. Con ello abarca también el delito contra los niños o ancianos desvalidos..

La introducción del género es una forma de colectivizar la responsabilidad e introducir la idea de que lo importante no es matar sino a quién matar. A su vez expandir la noción de que los hombres matan a las mujeres y no que determinados individuos son responsables de actos criminales y como tales deben ser castigados. La responsabilidad se diluye en un conflicto político general. Así como cuando matan a alguien en la calle para robarle el reloj, se trata del ejercicio de la lucha de clases, cuando un hombre mata a una mujer, se trata del conflicto entre el género masculino, contra el femenino. Se expande una culpa general, quién no se adose a la campaña también entra en el sector de los sospechosos. Hay que obedecer, seguir las consignas oficiales y la de cualquiera que se erija en agente del sistema.

A su vez cuando empieza a importar si el muerto es varón (instrumento de la lucha de clases) o mujer (víctima de todo el genero masculino), el homicidio en sí pierde valor. Se lo reemplaza por una lucha igual de inventada que la de clases para promover el resentimiento y el poder del estado. Se reemplaza el problema de justicia que hay detrás del crimen, por el problema de "igualdad de género" que hay en el programa político oficial. La destrucción de la justicia como valor que da más protagonista al tirano como protector.

La ley en sí mezcla los delitos cometidos contra la mujer, que ya tenían recepción legal, con la igualación forzada, la creación de organismos culpabilizadores que no tienen nada que ver con la lucha contra el crimen y el otorgamiento de poder a la mujer que es estigmatizada como débil, con independencia del pensamiento retrógrado, para que pueda utilizar al estado cada vez que se vea contradicha o enfrentada sin violencia por un hombre. Los hombres matan a las mujeres porque no hay igualdad, ese es el mensaje.

La sociedad rendida no enfrenta nada de esto. El plan es muy eficiente en la destrucción de valores y el sembrar divisiones creando pequeños déspotas que le van indicando a los demás cómo deben pensar o comportarse. A su vez la educación enseña a alejarse de las abstracciones y los significados de las cosas. Parece dar lo mismo luchar contra la violencia familiar de cualquier tipo, que convertirlo en una lucha de géneros. Todo tiene que dar lo mismo para que la oveja en lugar de sentirse esclava se sienta protegida. Quién lo denuncie contará con poco respaldo. Mi problema es que no lo puedo evitar.

Todo delito debe ser combatido sin convertirlo en instrumento de objetivos políticos. Esa no es una lucha colectivista, es la protección del individuo, contra la agresión de otro individuo o de un grupo.

LOS CONFEDERADOS NO DISPARARON EN CHARLESTON

Días después de la matanza de Charleston por un sujeto llamado Dylann Roof se desató una gran polémica en torno de la presencia de la bandera confederada en el Capitolio de Carolina del Sur. "Es hora de retirar esa bandera" dijo la gobernadora Nikki Halley. Rand Paul y otros republicanos como Jeb Bush, Mitt Romney y el senador Lindsey Graham, se sumaron a las voces nacionales que pidieron quitar ese símbolo considerándolo asociado al racismo y la esclavitud, en palabras del primero de ellos. A nivel local el consenso público parece ir en otra dirección, se conserva una identificación históri-ca con los antepasados confederados.

Hay por supuesto una cuestión política en la toma de posiciones frente al problema de cara a las próximas elecciones, pero no quiero meterme en las urgencias electorales. Me parece que hay varias cosas aquí por clarificar. Las voy a resumir en estos puntos:

1. No es lo mismo profesar ideas moralmente condenables que cometer crímenes contra otras per-sonas. No todo el mundo es Dylann Roof, que no solo es un racista, sino que es uno cuyo odio lo lleva a un acto criminal. Este señor tiene un problema que va mucho más allá de sus odios. Odiar no es matar. Por supuesto que es repudiable el racismo, no solo es ne-fasto sino que ha sido la motivación de homicidios en masa en una actualidad muy reciente. Todo racista es un estúpido y una mala persona, pero no todo estúpi-do y mala persona mata.

2. Se aceptan pensamientos moralmente equiva-lentes al racismo, como la lucha de clases o el nacio-

nalismo y hasta se tejen vínculos diplomáticos con regímenes que las llevan hasta sus últimas consecuencias y han sido autores de crímenes en masa, persecuciones, acoso y en general formas de estado terroristas. Si sorprende que diga que son equivalentes es porque esas si son maldades habilitadas por una moral lo bastante endeble como para no confiarle a una entidad política la decisión y castigo de lo que esté bien o esté mal.

No es lo mismo que algo esté mal a que se encuentre legitimado el uso institucionalizado de la fuerza con el estado para prevenirlo o combatirlo. Por dos razones: a. Porque el remedio es peor que la enfermedad y b. Porque el remedio no sirve. El racismo debe combatirse con ideas correctas, haciendo razonar a la gente, mostrándole lo equivocada que está la idea. El individualismo, que es lo opuesto al racismo, es decir el juzgar a las personas por sus actos y no por sus genes, no es débil frente a la bobería racista; es fuerte. Por lo tanto no se necesita someter a nadie para revertir al racismo. Siempre habrá quién quiera pensar como un estúpido, pues allá él mientras sus opiniones no interfieran con los derechos de nadie. El uso de la fuerza institucional solo es aceptable ante el uso de la fuerza, no ante ideas equivocadas, por más perversas que parezcan.

4. Las banderas no matan. Observemos el mecanismo de desviación del problema desde el asesino y su asesinato, a un símbolo histórico. Es un absurdo como conducta, no solo como razonamiento. Igual que cuando el presidente Obama deposita el mal en las armas y no en los asesinos. Como si los instrumentos y los símbolos pudieran cargar con los problemas y se pudiera ponerles fin deshaciéndose de ellos. Yo diría, en cuanto a las armas, frente a los asesinos el mejor remedio por ahora son las armas. Pero es curioso, o no tanto, que ante los malos pensamientos haya tanta disposición a desatar al estado, que no es otra cosa que la instrumentación del uso de la fuerza armada, pero ante los actos criminales se piense que todos los demás deben ser desarmados. Ambas posi-

ciones son curiosamente pro estado, pro armas, pero solo las armas públicas.

5.   La bandera confederada no representa sólo racismo. Hay un sesgo de retrospectiva pronunciado en eso. Se trata de un conflicto histórico muy traumático de los Estados Unidos, del cual los estados del sur que salieron derrotados, conservan un vínculo afectivo. Es cierto que en esa guerra, la esclavitud, que es peor que el simple racismo, jugó un rol importante. No creo que tan heroicamente libertario como se lo quiere ver de parte del norte. El conflicto estaba en que los electores presidenciales se distribuían considerando a los esclavos como parte de la población general, contabilizándolos en 2/3, aún cuando eran una mera propiedad de sus amos blancos. Eso le daba al sur un peso mayor en la elección. Pero ni siquiera importa, dejemos la historia dorada del asunto en pie. Esos sureños que lucharon y murieron en un gran número, además de que perseguían otras cuestiones importantísimas en el plano constitucional, no son estos sureños del año 2015. El asesino de Charlestón no es

un soldado confederado, es una parodia delirante de aquél asunto. Es un error enorme darle a esos individuos una legitimidad y dimensión histórica. Eso sería tratarlos como no merecen.

En definitiva me parece que este debate ha mutado en una tontería. Son cosas que me asombran en su irracionalidad porque me hacen pensar en mi propio país más que en la historia de los Estados Unidos.

Desnudando al colectivismo

Dos noticias para los niños: Santa Claus son los padres y lo "colectivo" es el poder. Hay una ola colectivista muy expresa en la parte de América hispana que vive bajo dictaduras oportunistas. Llevan adelante un modelo de transformación cultural, que no tiene que ver con ideales del pasado, sino con lo que les reportan a los tiranos en recursos humanos, poder e impunidad. El proyecto colectivista somete, lleva consigo el mensaje de que tus deseos y objetivos deben subordinarse a un dios llamado colectivo, todos, bien común. Aunque lo de bien común viene de otra tradición. Incluso tenía la intención de convencer al déspota de que tenía obligaciones con sus vasallos. No

importa, las circunstancias cambiaron y ahora lo trascendente es la construcción de un poder total, para lo
que es indispensable sembrar la culpa por querer algo
para uno, por perseguirlo. Todo tiene que ser vivido
como una traición al grupo.

¿Alguien ha visto al todos? Podría uno hacerse
una imagen mental de todos nosotros en un gran
campo vistos desde arriba. Pero eso no es el colectivo,
eso es la suma de individuos independientes que so-
breviven por si mismos, construyen lazos afectivos
reales y no genéticos, el todo no está. No hay una entidad "todos" que quiera algo, que busque algo, que
trabaje por algo. Por lo tanto lo que trabajamos, pro-
ducimos y consumimos no afecta al "todo" que no
quiere ni tiene nada, simplemente porque es una abstracción idealista, un no existente. El todo como idea
igual no respira, no come, no siente, no vive. Es además una gran simplificación. Porque, sin querer ha-
cerme el físico cuántico, el ojo del observador crea esa
"realidad" llamada "todos". Aún en el caso de la foto,
hay que decidir que los homo sapiens, digamos, tie-

nen que estar en una foto. Es decir, la observación del todos en la imagen, es posterior a la decisión. El homo sapiens amontonado en ese campo, es un presupuesto de lo que "se ve".

Si me complico un poco más, a lo mejor el "yo" también es un presupuesto antes de ponerme frente al espejo. No se, porque no puedo escindir al observador y lo observado tratándose de mi, pero lo que importa es que ambas cosas, el yo y el todos, tienen una finalidad. Los presupuestos apuntan a algo. El yo a la vida, a mi vida, como es, como la elegí de acuerdo a mis potenciales. El todos puede servir a varias cosas y acá está la cuestión. El todos de mi como individuo es una generalización de baja intensidad que me dice potencialmente dónde puedo encontrar un intercambio. Ese es el universo de mis intercambios en potencia, pero no en acto. En ese fin, el "todos" tiene un valor, pero es un valor muy diferente al del colectivismo que agrega otro elemento esclavizante: dice que el "todos" es más importante que el "yo", que se trata incluso de una entidad con fines y deseos que se ven contrariados y amenazados por mi. El "todos" depende ahora, por pura decisión "ideológica" (perdón que me ahorre discurrir sobre el significado de la palabra) de mi sacrificio. Es otro "todos" ¿verdad? Es otra foto, es otro fotógrafo.

Pero ojo, el colectivo no es el fotógrafo. El fotógrafo es otro individuo que se está pasando de listo. Un conjunto de individuos, una banda. Ellos son los que esgrimen la versión mistificadora del "todos" a nuestra costa. Dicen que la foto es un ente, que todas las fotos de muchos son más que uno, porque es nada más que un manejo de poder. Una manipulación de la realidad, definida por el observador, en su propio provecho. O peor aún, en provecho de nadie y entonces deberíamos llamarle simplemente envidia. Es decir la frustración de otro individuo que trata que que no alcancemos nuestros objetivos aunque de eso no le resulte provecho alguno.

Hay algunos conjuntos pequeños de relaciones que pueden definirse como si se trataran de una entidad con vida propia, pero no la tienen y si resisten su desaparición es precisamente por su dimensión (esto parece cuántico también) y por su carácter no agobiante. La familia por ejemplo. En ese vínculo primario se acepta, con limitaciones, que los individuos ceden por un "todos", pero el vínculo es muy primario. La tribu operaba como una familia ampliada. Tampoco hay "todos", pero dada la simpleza de la organización, esa foto, según ese criterio fotográfico, no genera mayores problemas de mando y obediencia, es decir, políticos.

El proyecto totalitario latinoamericano iniciado con el chavismo toma todas las metodologías de sus antecedentes religiosos y no religiosos. El ahogamiento del individuo a distintas formas de nueva bondad (anti discriminación, "solidaridad" declamada, etc) y la redefinición de todo por medio de "colectivos". No importa cuál. No importa incluso que sea el gran colectivo de "la sociedad" o "la clase social", puede ser incluso los cantantes de ópera. El punto es desviar el centro de imputación de intereses y voluntad para disminuir a la única cosa verdadera que molesta al poder: el individuo y sus aspiraciones. Perdón, más preciso, la realidad sobre la cual unos individuos perversos que colectivizan todo, quieren canalizar sus propias aspiraciones perversas, que ya no son una imposición, una agresión, un acto de sometimiento al otro, sino el servicio a dioses imaginados como sumas de engranajes. En eso nos convierten, en un engranaje de un motor de un vehículo cuyo volante tienen para dirigirlo a sus objetivos.

QUE LA EMPRESA TE ACOMPAÑE

Una vez más vi a alguien en televisión decía que había que educar a la gente sin recursos para que tuvieran herramientas para vivir mejor. En algún sentido eso puede ser cierto, pero sospecho que no exactamente en el que se lo suele decir.

En Cuba las prostitutas pueden ser ingenieras. La gente que trata de sobrevivir con la venta de productos en negro, pueden ser médicos o tener algún otro título altamente jerarquizado. El socialismo cubano y el soviético, intentaron llevar adelante precisamente ese plan. Todo es cuestión de saber. Cuando no lo lograron lo reemplazaron con propaganda, pero aún si lo consiguen, la pregunta es ¿Para qué? ¿De qué sirve saber? ¿Qué cosa es saber?

Hay una realidad y cuánto mejor la podamos explicar estamos en mayores condiciones de manejarnos en ella. Esta no es una postura compartida por todos, pero si pensamos en educar, pareciera que eso está supuesto. Esa realidad es independiente de nuestra voluntad o de cualquier otra, supone una existencia objetiva. Esto por desgracia no se cumple con tanta claridad y se pueden estudiar pseudo ciencias, la influencia de los astros sobre nuestro destino, la omnipotencia de un gurú, las bondades de un gobierno o cualquier salvador o sanador. Deberíamos conocer a la realidad como es, no como nos la quieren hacer ver o nos mandan a ver. En lo que llamamos educación ambas cosas están mezcladas y ya sería hora de que se las separara. Por eso me cuesta saber si puedo estar de acuerdo o no con aquella frase hecha del comienzo.

Pero hay un problema más, causado por una educación pobre, que acepta con demasiada facilidad que hay formas autoritarias de evadir problemas. Esto es la inconsciencia absoluta del problema empresarial. La producción de bienes y servicios requiere inventiva, capital y riesgo. La mayor parte de las empresas que se inician fracasan, las que vemos surgir son las que consiguieron pasar un primer gran filtro. Esas empresas requieren profesionales, pero también pueden llegar a demandar mano de obra no calificada. Esa actividad riesgosa, es la que produce los salarios que se pagarán.

Es entonces cuando aquello de la necesidad de educación como panacea, se vuelve estrecho como observación. Antes que eso debe haber empresas, muchas empresas, mucho capital circulando. Cuánto más amigable a la empresa es el ambiente, mayores posibilidades de progreso. En realidad todo progreso empieza en una empresa, no en un aula. Se puede ser ingeniero y vivir de propinas en el socialismo, el mayor ambiente anti empresas.

Capaz que enseñar cómo son las condiciones de nuestra existencia, que tenemos que encontrar qué producir o que alguien lo encuentre por nosotros y nos pague por ayudarlo, entonces se convierte en tan determinante como la mayoría piensa. Si esa educación tiene éxito, el primer eslabón de la cadena de la superación de la pobreza estará ahí. Si la empresa es suficientemente eficiente, estará interesada en capacitar al personal si un tercero no lo hace.

Por qué el capitalismo no es darwinismo social

Es un poco tedioso, para quienes sostenemos el principio de la libertad individual, pasar la mayor parte del tiempo contestando las visiones prejuiciosas y caprichosas sobre lo que estamos sosteniendo, pero hace un tiempo llegué a la conclusión de que este concepto de personas privadas y libres es tan escandaloso en el contexto de la historia de la humanidad, que todavía y por mucho tiempo estamos en la etapa en la que se reacciona irracionalmente contra lo que no se puede manejar, recurriendo a la estigmatización, la falsificación y la degradación de la idea. Se teme y se percibe que sin deformar a ese pensamiento, no se le puede responder.

Es escandaloso porque va contra todas las formas de manipulación de la voluntad y del sometimiento físico de unos a otros y no tiene nada parecido a un reparto de valor preestablecido por alguna autoridad. Si no hay autoridad, tampoco hay protección contra la libertad de los otros. La gente escucha la música que quiere y no mi concierto. No hay una nobleza que me separe de ese juicio y esa es la tragedia de todas las élites anti-mercado. Entonces el recurso de convertir a la idea de la libertad individual en un monstruo, con una voluntad maléfica y negar su carácter liberal; eso es lo que queda como recurso impotente.

Aclaración terminológica. Hablo de liberal en el sentido continental, no me puedo acostumbrar a la tergiversación del término en los Estados Unidos donde se le llama liberales a los enemigos de la libertad.

Una de esas atribuciones que quiero desmentir hoy es relacionar a la sociedad libre con una forma de "darwinismo social". Pese a lo anterior, también acepto que la incomprensión acerca de lo que estamos hablando, juega su papel y no solo el miedo a lo que pasaría si no concibiéramos unos amos protectores.

En primer lugar, como dice **Larry Arnhart**, no hay una corriente que se identifique como "darwinista social" y el propio Darwin no lo era pues creía en la colaboración y en la caridad privada. Nietzsche tiene algo de eso aunque no es meramente eso. El nazismo ciertamente parece ser una forma de darwinismo social en sus fundamentos. Creo que ellos hacen de Nitetzche un nazi, que en realidad reaccionaba contra la ética de la debilidad, pero no quiero entrar en esa discusión porque me iría por las ramas. La idea que se identifica como "darwinismo social", más allá de ellos, es que la sociedad sea el vehículo para que los fuertes se impongan sobre los débiles. Así la evolución estaría asegurada. Si se le dice a la sociedad libre donde el uso de la fuerza está excluido (salvo como auto defensa) que es de todos modos una forma de darwinismo social porque en su dinámica se benefician los mejor dotados, a costa de los peor dotados, tal cosa es falsa y no hace más que aplicar la visión trágica de los socialistas de que alguien va a comer a alguien, si se lo deja. Así entienden que los que "tienen" es a costa de los que "no tienen". Va entre comillas porque esta acusación nunca va acompañada de una explicación de cómo es el "tener" y como se logra "tener", parece una asignación de la naturaleza.

En mis libros "10 Ideas Falsas que favorecen al despotismo. Las dictaduras del siglo XXI en las mentes de sus víctimas" y "Hágase tu voluntad. Bajar del cielo para conseguir un cargador de iPhone", desarrollo la idea de que el débil y el poco apto aprovechan al fuerte y al más habilidoso en una sociedad libre y termina llevado por ellos a una prosperidad que no alcanzarían nunca sin ese marco institucional llamado "capitalismo". No hay una relación de imposición y selección de unos sobre otros sino una colaboración donde el mérito es aprovechado por todos, justamente porque los fuertes, en sentido de fuerza bruta y violación de derechos, no pueden imponerse.

Una aclaración sobre una parte del argumento de Arnhard sobre Darwin, respecto a que una de las razones por las que no hay darwinismo en la sociedad humana libre es la existencia de la caridad privada (sobre cuyas condiciones morales también opino en el segundo de los libros mencionados). La caridad privada en mi opinión no es lo que desmiente el darwinismo social, tal vez incluso sea lo más dudoso, porque la caridad implica capacidad en uno e incapacidad en el otro, es ese el modo en que la relación se define. Lo importante es que el valor de la poca habilidad sólo aumenta por estar en un contacto de libre intercambio con la mayor habilidad. Es en el comercio, en las relaciones de mutuo beneficio, en las actividades lucrativas donde está la completa desmentida. Ahí los vínculos se realizan sobre la base de la capacidad, mucha o poca, de ambas partes. El millonario que contrata a un lustrabotas, intercambia basado en la capacidad del lustrabotas, en su fortaleza en el sentido moral.

En esa sociedad donde la violencia se excluye, se lleva a cabo un tipo distinto de evolución al que imaginan los que hablan de darwinismo social. Allí los pacíficos excluyen a los criminales. Todos los demás ven aumentar su utilidad actuando positivamente sobre los otros, no aplastándolos o comiéndolos.

Mi única forma de aprovechar mi limitada habilidad que se circunscribe a hacer pozos, es vivir en una sociedad próspera donde se pague bien por eso y que la mejor circunstancia que facilita mi evolución es que todos los demás estén mejor que yo. A su vez que es falso e ilusorio que mi menor habilidad esté mejor aprovechada con un poderoso que esquilme al más habilidoso en mi favor.

Por eso que identificar el "no dawinismo social" de la sociedad libre con la caridad privada, implica no entender que el el principal *output* del capitalismo, lo virtuoso, es el comercio, el intercambio interesado, y no su vía de escape con la caridad. No estoy diciendo con esto que esté mal en sí la caridad privada (podría disfrazar una relación de poder), sino que la virtud del mercado no está en la excepción, sino en la regla.

En cualquier sociedad en la que la fuerza esté legitimada, sea por la religión, el nacionalismo, el miedo a la libertad; en cualquier sociedad anterior a la sociedad de individuos sometidos, se verifica que el músculo excluye al cerebro. Pero el cerebro al final se impone, porque es la actividad racional lo típicamente humano.

En una sociedad anti-liberal, el poder hace un uso ilimitado de la fuerza. Es evidente por definición que sin un marco institucional de liberalismo, el fuerte es el que se impone y si el débil resiste no arriesga su vida. Cualquier sociedad de ese tipo puede parecerse a un combate darwiniano por la subsistencia en el que los fuertes tienen todas las de ganar.

Pero excluida la violencia, la prevalencia tiene que ver con la habilidad. Sea de producir mejor y más barato, sea la habilidad deportiva o artística. Sin violencia lo que pesa es el mérito y a deferencia de lo que ocurre con el uso de la fuerza, el mérito ejercido en el mercado no excluye sino que incluye. No subsiste el habilidoso a costa del no habilidoso, sino en una relación de mutuo beneficio. El supuesto darwinismo capitalista es falso de toda falsedad. En una sociedad pacífica, todo se le facilita a los que tienen menos para ofrecer. En una sociedad donde se excluye el uso de la fuerza el débil se valoriza, ya desde la definición.

El empresario

En una carta dirigida al Foro de Davos el papa Francisco retó a los empresarios del mundo a "hacer más por los pobres y vulnerables". Les pidió también "garantizar que la humanidad sirva a la riqueza y no que sea gobernada por ella". Es decir, asistir a los pobres y vulnerables pero sin riqueza, para no estar gobernados por ella. Pero no importa, voy a saltearme esta contradicción, aquí la linea rectora del mensaje es la culpa, esto es, la deuda de los empresarios con el mundo "pobre y vulnerable". Si esos empresarios no se hubieran concentrado en producir riqueza, no se qué les reclamaría, pero dejo de lado eso.

El papa usa la palabra "vulnerables". Es interesante partir de una evaluación de qué tan vulnerables son los propios empresarios. No me refiero en especial a la representación de ellos que haya en Davos. Un empresario verdadero no está en foros políticos ni debate tampoco con los papas, está muy ocupado. El empresario debe ser diferenciado del lobista, que es el que obtiene privilegios o protecciones del gobierno. Lo empresarial es lidiar con la incertidumbre, aplicar capital y otros factores y correr un riesgo. El papa habló de empresarios y yo también lo haré. Sus palabras representan un enfoque general que existe sobre los empresarios, muy equivocado, por eso me detendré en el asunto.

Vamos a la vulnerabilidad, los siguientes son números de los Estados Unidos, un país con una alta cultura empresaria y tal vez sobre formación en materia de negocios. Es decir esto ocurre tomando los mayores recaudos imaginables:

Entre el 25 y 30% de las nuevas empresas fracasan totalmente.

36% de los nuevos negocios fracasan en los primeros dos años.

Entre el 38.8 y el 45.1% de los nuevos negocios, fracasan en 4 años.

51.2% fracasan en 5 años.

Las empresas que llegamos a conocer, pasaron por un arduo proceso de selección, corrieron altos riesgos y consiguieron al final el favor del consumidor y una combinación de factores y costos que les permitieron seguir adelante y, entre otras cosas, pagar los salarios que pagan.

El empresario coordina intereses y los hace posibles y sustentables. Su trabajo no es hacer beneficencia sino establecer una compleja red de beneficios para todos, capaz de crecer y mantenerse. Ese es el método de combate contra la pobreza más eficaz y real. Es increíble que en pleno siglo XXI todavía se ignore cómo se produce la riqueza, que es el único remedio contra las carencias que existe. Esa actividad lucrativa a la que el papa culpabiliza, es la responsable de pagar salarios, bajar costos de los elementos de consumo y poner en contacto a la gente más diversa en función de objetivos pacíficos comunes. Las empresas no llevan a las guerras (excepción de las que trabajan con el gobierno en todo caso), los estados si, y las religiones más que ninguna otra actividad humana.

La "generosidad" a la que invita el papa y con la que se pone por encima de los empresarios que de verdad combaten la pobreza y al ganar, no al regalar, distrae del desafío que es no sólo el pan para hoy sino el pan para mañana. La empresa genera un flujo, no un botín. En la medida en que lo pueda mantener se beneficia y beneficia a todos sus socios y consumidores.

Pero ¿por qué el papa y gran parte de la sociedad, incluidas universidades y ONGs especialistas en culpabilizar a las empresas, ven las cosas de este modo? Además del ansia de poder, que consiste en esparcir la culpa y ponerse por encima de los que verdaderamente hacen, se juzga a la empresa por el defecto. No por sus errores, sino por su no alcanzar un objetivo idílico irreal. En mi libro "Hágase tu voluntad. Bajar del cielo para conseguir un cargador de iPhone" expongo el problema del mito del paraíso perdido como situación de partida de la humanidad. La suposición es que hubo un pasado en el que el hombre lo tuvo todo y por sus pecados lo perdió. Estamos buscando volver a esa situación y como pareciera que la condición de nuestra existencia es un castigo por faltas morales y no una oportunidad, en alguien debe depositarse esa culpa. La culpa de lo que no tenemos es de los que hacen por no hacer todo o no satisfacernos en un cien por ciento. Le reclamamos al empresario según esta invitación papal por la pobreza que no solucionó, dada su virtud de producir riqueza, en lugar de valorarlo por lo que consiguió. Es la culpabilización al que hace por lo que no hace, hecha por el que no hace nada.

¿Por qué le pedimos a los empresarios y no al papa que solucione el hambre en el mundo? Uno va a los estatutos de las empresas y nadie parece haberles dado ese mandato. A la Iglesia si ¿Por qué la Iglesia no termina con la pobreza? Pueden ponerse los curas mismos a trabajar y demostrar que sin "egoísmo" pueden atender a todos y que la causa del hambre es el ejercicio del comercio o las actividades lucrativas.

Podríamos también reclamarle al papa del modo en que él reclama a los empresarios. Sirva este artículo de carta al Vaticano: Su santidad ¿qué ocurre que hay terremotos? ¿No debería usted respondernos por la maldad que hay en el mundo, por la violencia, la mentira y el pecado en general? Yo puedo ponerme en el mismo papel que usted pretende jugar con los empresarios y endilgarle a su trabajo pastoral, todo lo que no hace, todo el mal que no erradica. En realidad ni siquiera lo haría porque no creo que su trabajo pastoral traiga el bien al mundo, pero digamos, si lo tomara según su propia versión de qué es lo que está haciendo.

Los católicos más acérrimos enseguida me explicarían que nada de eso puede endilgarse a la Iglesia. Pues bien, solo pretendo que entiendan que si no se le pueden pedir resultados sobrenaturales a una entidad que dice producirlos, menos se lo debe hacer con unos empresarios, a los que hay que festejar por su existencia y por lo que hacen, no por lo que no hacen.

Al empresario hay que compararlo con las empresas que fracasan, no con la casa que no tengo. las vacaciones que no paga o el aumento que no me da. Ellos trabajan a riesgo, no repartiendo dinero que hacen otros como la Iglesia.

Esto, como dije al principio, no es solo ignorancia. Es un muy viejo negocio, nada relacionado con uno limpio en el mercado, sino con lo peor del ser humano: la manipulación de la sociedad creando fantasmas y ritos convenientes de expiación. El juego del poder, para el que últimamente no hay ningún sermón.

El error de la Sra Clinton

La precandidata a presidente por el Partido Demócrata, aspira a convertir a la educación superior en un "derecho". La parte que no contará es que eso implica convertirla para el contribuyente, en una obligación. Deberá ahora pagar la educación de otros aunque no quiera, como si el gobierno tuviera derecho a disponer de recursos de las personas en función de sus propios objetivos morales. Mucha gente lo compartirá seguramente, porque el gobierno crea la ilusión de que multiplica los panes sin costo y piensan que si mayor cantidad de gente no accede a una educación universitaria, es porque falta generosidad, que será reemplazada con el uso de la autoridad. Lo que la gente no quiere pagarle a los nuevos beneficiarios, se les quitará por la fuerza. Autoritarismo es esto, ninguna otra cosa y siempre es importante ponerle a toda esta bondad presupuestaria el apelativo que corresponde, pese a que para muchos autoritarios, cuando el autoritarismo es una "bondad", está bien. El establecimiento de estos "derechos" que suponen violar otros, implica una destrucción del sistema jurídico como un todo. Bueno, que se hagan cargo, antes de pasar al mayor error de la señora Clinton.

Pero antes de ir a ese error, algunas consideraciones previas sobre la inoportunidad de esta iniciativa. Hoy el acceso al conocimiento es enorme y las mejores universidades organizan todo tipo de cursos online gratuitos. La enseñanza superior está en plena evolución, mientras el aparato destructor del estado se pone a pensar en armar un esquema de subsidios que atrasará 20 años y probablemente actúe como un incentivo para que la universidades detengan su desarrollo para responder al esquema avejentado de una política demagógica. ¿Es el modelo de educación universitaria actual el que mejor responde a los desafíos del futuro? Eso es algo que está por verse y salvo que el gobierno se meta, se resolverá.

Ahora si, el gran problema. La señora Clinton supone muy mal que el valor para el mercado de los egresados de la educación superior será igual con independencia de las cantidades. Esto es algo que está muy presente en el mito de que los países salen de la miseria con educación, cuando la verdad es que el nexo causal es al revés, porque lo que da valor al conocimiento, valor económico, es decir sueldos, es el mercado. El mercado también determina una cantidad que tiende a ser óptima de egresados, al determinar salarios, incentivar con eso al estudio de determinadas disciplinas y dándole valor así al trabajo educativo en sí mismo.

Latinoamérica debería servirle como referencia a la señora Clinton y al Partido Demócrata, una región llena de "derechos", entre otros la educación universitaria gratuita en muchos de ellos. El caso extremo de la confusión en el nexo causal está en el socialismo, justamente porque ellos ignoran el problema de la escasez, por lo tanto del precio; pretendiendo planificarlo todo centralmente. Entonces en Cuba estarán llenos de médicos, ingenieros y odontólogos, que no tendrán cómo aprovechar sus conocimientos porque no tienen mercado.

Este es un problema que se repite en muchos países con educación superior suministrada con fondos públicos: sobreabundancia de profesionales que los convierte en masas frustradas que esperaban tener lo que se podía tener haciéndole caso el mercado, sólo por capricho de un político petulante que cree que lo puede reemplazar.

Resumiendo, el proyecto Clinton producirá para empezar estos efectos nefastos, además del más conocido de hacer que no se comprenda el concepto de "derecho" y que se lo termine utilizando para designar al despojo "bien intencionado":

Introducir incentivos para que el sistema de educación superior no evolucione.

Incrementará el gasto público en perjuicio de actividades productivas que pagan por el conocimiento útil.

Disminuirá el valor de la preparación que dará el sistema, al aumentar artificialmente la cantidad de egresados.

Generará una cantidad de profesionales frustrados. Tal vez con el beneficio partidario de que ese tipo de resentimiento es el caldo de cultivo del pensamiento izquierdista resentido.

EL ERROR DEL SEÑOR TRUMP

Muchas cosas dijo el señor Trump sobre el problema migratorio, me interesa ir al centro de su preocupación. Primero según su prejuicio los inmigrantes mexicanos ingresan a los Estados Unidos para cometer delitos. Es curioso porque todo interrogatorio del servicio de migración está dirigido a investigar si el individuo piensa cometer la falta migratoria por excelencia que es trabajar, no robar. En ese sentido, los criminales deben ser detenidos, para la víctima es poco importante la nacionalidad que tengan, salvo que el señor Trump entienda que los criminales nacionales tiene que recibir un tratamiento distinto.

El último siglo ha incorporado con demasiada facilidad un concepto falso y creo que si eso se resuelve, gran parte de la cuestión del sentido que debe tener una reforma migratoria está resuelta. Ese concepto es que el inmigrante "quita trabajo" a los locales, por lo tanto es un mal para la economía. Este temor es concomitante con las crisis financieras, dado que son períodos de temor que crean el perfecto caldo de cultivo para el proceso primario que se conoce como depósito del mal y que se representa perfectamente en el rito del chivo expiatorio. El extraño es visto como una amenaza, como el causante de la zozobra y el enojo de los dioses. Pero pasa lo mismo que con los crímenes, si un extranjero "quita trabajo", también lo hace un nacido aquí, por lo tanto habría que restringir los nacimientos tal vez ¿O no?

Esas crisis financieras no son causadas por le inmigración, sino por la expansión crediticia hecha por los bancos (por cierto "nacionales"). Recomiendo el libro "Dinero, crédito bancario y ciclos económicos", de Jesús Huerta de Soto (disponible online en www.-

jesushuertadesoto.com) para profundizar la cuestión. Las empresas quiebran y mucha gente pierde sus trabajos, sin importar su nacionalidad, pero de hecho en sí mismas las crisis son un incentivo que detiene la inmigración y fomenta la emigración. Los inmigrantes no son menos víctimas de ese proceso destructivo.

El señor Trump debería preguntarse por qué los Estados Unidos tuvo su mayor explosión para convertirse en la primera potencia mundial con políticas migratorias abiertas, incorporando gente que lejos de dejar sin trabajo a los demás, hacían crecer el bienestar para todos y multiplicar la demanda de trabajo.

El error grueso es este: Una economía no incorpora recursos para producir menos, sino más. No se empobrece un país con inmigrantes, se enriquece. Aumenta el valor del trabajo de todos una economía en crecimiento y más productiva. Los inmigrantes buscan lugares donde obtener beneficios económicos y en el mercado no hay beneficios económicos que no generen beneficios económicos en las contrapartes. Los inmigrantes cobran salarios y también demandan trabajo al gastarlo o indirectamente al ponerlo en los bancos.

Detener la inmigración y centrarse en el problema de si se respeta una legalidad sobrepasada por los incentivos, restrictiva y poco conveniente para todos, solo conduce a la emigración de las empresas, que buscarán condiciones laborales más beneficiosas para producir más barato, en lugar de permanecer y contratar inmigrantes en suelo americano. Es decir, si de lo que se trata es de un equivocado proteccionismo laboral, tampoco da resultado.

La cuestión del supuesto fundamento de la existencia de un estado de bienestar que aumenta en sus costos por los inmigrantes, lo he tratado en otro lado y no voy a repetir el argumento, solo dejo el **link**[i].

Lo cierto es que la "latinoamericanización" de los Estados Unidos no está llegando de la mano de los inmigrantes, sino de egresados de sus universidades, con arraigo de generaciones en el país, como la señora Clinton y muchos de sus compañeros de partido.

Por qué somos el centro del universo

Fue todo un desafío para el hombre descubrir que la Tierra giraba al rededor del sol y que habitábamos un planeta más de un universo tan inmenso que resulta imposible de concebir realmente.

Eso por supuesto sigue siendo cierto. En esos términos no somos nosotros centro de nada. Pero permítanme rescatar al ego de ese mar para decir que aún así el hombre es el centro del universo desde otra perspectiva. Nuestra importancia no está dada por el tamaño, ni por la ubicación en el espacio, sino que se determina por nuestros valores racionales. El hombre se pregunta por su trascendencia, todo el resto del universo no está interesado en el problema, no tiene

interés, ni intención, es una sucesión de acontecimientos. Algo que sigue siendo cierto para los creyen-
tes porque hablo de este mundo y no de un supuesto
otro.

Es decir, somos importantes porque la importancia está en nosotros, somos el inicio y fin de la noción
de valor. Sentirnos pequeñitos frente a la inmensidad
implica olvidar que lo trascendente es una dimensión
sólo de la vida consciente. La única importancia del
universo conocido es humana. Somos quienes la me-
dimos, somos sus dueños.

EL IDEAL SOCIAL DEL PAPA FRANCISCO Y SU VIAJE A CUBA

Fuera de Cuba, la pobreza es culpa del capitalismo. Dentro de Cuba, la pobreza es "como una madre" y hay que agradecérsela a Dios.

Fuera de Cuba visitó a los presos. Dentro de Cuba, visitó a los carceleros.

Fuera de Cuba le pidió a los jóvenes que hagan lío. Dentro de Cuba les pidió a los jóvenes concordia. "Si nos dejan", gritaban algunos osados respondiéndole.

Fue asombroso ver su "no ver", respecto a los disidentes. La respuesta que da en la conferencia de prensa en vuelo de Santiago de Cuba a Washington

DC sobre la cuestión es la negación más completa: No se, no me enteré de nada ¿Si quisiera recibirlos? ¡Eso es un "futurible!"; ¡Yo quiero hablar con todos! Es decir, no me interesa particularmente.

Creo que si se le pregunta a un niño cuál es el gran problema moral en Cuba, contestaría que la libertad. Ni una palabra papal hubo sobre la cuestión, propuso amar a la pobreza, que en Cuba es sometimiento, no fracaso.

Hay otra afirmación que es un indicio que ayudaría a desentrañar dónde está parado el papa Francisco. Sugirió no dejarse llevar por las "ideologías" y abrazarse a Dios.

El capitalismo, pese a que se lo quiera ver de esa manera, no es una ideología. No pretende ser una cosmovisión, es el reemplazo de las cosmovisiones por las "microvisiones" de los individuos que así como producen bienes, producen ética. El orden del capitalismo es resultante, no previo ni establecido por un libro sagrado. Lo único establecido es la base institucional de la libertad: la ausencia de agresión y el respeto al otro, para que a partir de ahí las personas se ordenen de modo contractual sobre la base de sus intereses. Marx nunca entendió esto, por eso describe al capitalismo como la consecuencia de posiciones de clase, que a su vez deriva de su teoría de la explotación, derivada a su vez de otra teoría, de Smith, sobre el valor trabajo. Según él, la "ideología" capitalista está constituida por todas esas limitaciones mentales que los explotadores inyectan a los explotados según un proyecto de dominio. Tal es una visión completamente infundada, sostenida en la atribución de intenciones y no en el capitalismo tal cual es: ausencia de agresión e independencia del individuo para seguir su propio plan de vida, liberado de una épica colectiva. No hay ninguna explotación en el trabajo, sino comercio, de ambas partes.

Sin embargo el uso habitual de la palabra ideología es otro, se refiere a las distintas ideas racionales sobre la organización de la sociedad y los principios morales que las sostienen. Aquí es donde el papa invita a relativizarlas, pero para reemplazarlas por Dios. "nunca el servicio es ideológico, ya que no se sirve a ideas, sino que se sirve a las personas".

Podría hacer una interpretación liberal de estas palabras. Unas ideas que impliquen sometimiento, impuestas sobre otras desde el estado, son incompatibles con el bien de las personas. Unas ideas que valen más que las personas, necesariamente serían unas ideas que prescinden de su voluntad. Pero el papa no tiene más que palabras de reproche contra símbolos de libertad, como el dinero o el desarrollo, a los que encuentra pecaminosos y contaminadores. Todos los males parecen estar explicados por la ambición humana libre, en oposición a la moral restrictiva de origen divino. Sus ideas, pienso, no sirven al hombre libre que sigue sus aspiraciones, sino al hombre según su ideal. Ese hombre ideal amado no somos nosotros que deseamos vacaciones y aire acondicionado, es un hombre según ideas previas, mal que le pese a Francisco; ideas previas alejadas de la realidad de lo que somos. Servir al hombre ideal no es servir al hombre, sino a un estereotipo "ideológico".

El marxismo si parece ser una ideología en el sentido marxista del término. Se trata de una cosmovisión sobre la base tradicional del pensamiento moral trascendentalista. El individuo es malo cuando se separa del grupo, el bien consiste en el bien del grupo. El individuo tiende a perjudicar al otro y no es suficiente eliminar la estafa y el robo, porque el mal no consiste en el crimen, sino en querer vivir para sí mismo; en lo que se quiere, no en lo que se hace para conseguirlo. Está mal "querer aparte", está mal ser libre. Todo esto se afirma sin sostenerlo en un Dios, desde el ateísmo. El marxismo ingresa a la era de la razón suplantando a la religión, pero manteniendo su estructura, para someterse a una razón en tanto diosa, como su revolución madre, la francesa. Se deshacen de Dios, pero sólo imaginan estar gobernados por un sistema mundano alternativo, que se le parece bastante, como una pirámide, pero que es comandado por un grupo en la tierra que no reconoce límites ni en el más allá. Dios, ahora, son los gobernantes marxistas.

El capitalismo como la simple vigencia de las razones individuales, no está preocupado por sustituir a la religión por otra cosmovisión que le compita, sino en retirarla de la política y también a cualquier otra cosmovisión; dejar que el poder terrenal se reduzca a una función defensiva y permitir que los individuos elijan incluso si van a tener una ética trascendente, ya no obligatoria, u otra que prefieran. La religión deja de ser un orden político, para convertirse en una elección individual. Separar a la religión del estado, en principio un pilar del cristianismo largamente ignorado por los cristianos de Roma, no persigue un fin ni administrativo ni religioso, sino de libertad del individuo. Quiere la no imposición del "bien" con los garrotes; dejar el garrote relegado al ejercicio de la justicia, es decir, a un fin defensivo. En el uso común, sin embargo, ambas son "ideologías", tanto el marxismo como el capitalismo y ese será el sentido utilizado por el papa. Lo que es cierto es que ambos sistemas de ideas no pertenecen a la religión porque tratan asuntos de la tierra y dirimen cuestiones de poder. Eso es algo adquirido como valor general, dado que la unión estado-religión, llevó a la humanidad al desastre. Occidente ya guió sus asuntos mediante la religión; estuvo gobernado por la Iglesia a la caída del imperio romano, durante la edad media, bien llamada oscurantismo. Todavía hay muchos resabios de eso como el control del matrimonio y la legislación familiar en general.

Hay que vincular la contradicción papal sobre el tema de la pobreza que mencioné al principio justamente con esa cuestión ¿Qué es lo que hace ver al papa a la pobreza como un mal del capitalismo, dado que no entiende una palabra de economía y, a su vez, dentro de la isla sometida a los Castro a la misma pobreza como un regalo divino? La respuesta está en qué es lo que le reprocha al capitalismo y qué es lo que le reprocha al comunismo.

Somoza es "nuestro dictador" decía Franklin Roosevelt. La pobreza medieval era "nuestra pobreza", podría decir Bergoglio; la de Cuba también la interpreta como propia, dado que ocurre por llevar adelante el plan moral como obligación del altruismo sin individuo, pero olvida a Dios. Incluso lo ha prohibido en el pasado, eso es algo que a la Iglesia si le interesa revertir.

No importa si esto es consciente, como pasaba con Roosevelt, nos sirve para interpretar el pensamiento que inspira al papa sobre la sociedad y cuál es su ideal e integrar sus contradicciones.

En cambio el reproche del papa al capitalismo es moral, atribuyéndole todos los males, incluidos los problemas ambientales y cualquier cosa que no logre, porque (al igual que el marxismo ve a al capitalismo), entiende que para reemplazar al paraíso divino (o al marxismo) el capitalismo debería querer ser un paraíso alternativo. De ahí que hable de "endiosamiento del dinero", cuando el dinero en el capitalismo es instrumental, no es la competencia de un cáliz.

El presupuesto de orden moral dictado desde arriba y el pensar que si eso no existe lo que hay es pecado y degradación, lo une al marxismo de alguna forma. Por eso se reúne con Fidel Castro para hablar de medio ambiente. El desastre ambiental que es la propia Cuba comunista no le importa, es "nuestro desastre ambiental", el problema está en el mundo capitalista. Tampoco importan los presos del régimen cubano, son "nuestros presos", como los de la inquisición, presos en nombre del "bien". Por eso el plan para los jóvenes en Río es el lío y a los cubanos aplastados por el estado les ofrece sumisión amorosa. Y esperanza, es decir; esperen.

Sea o no consciente o planificado, el ideal papal es una gris edad oscura llena de valores categóricos, sin ninguna comodidad o aspiración humana realista, con plenos poderes de la Iglesia para gobernar a la sociedad civil y privar al hombre de la modernidad que lo aleja de su iglesia y de su idea de bien. Por eso no le interesará oír los argumentos económicos ni dejarse impresionar por las evidencias respecto a cómo el capitalismo saca a las masas de la pobreza. No quiere ese resultado, sino una pobreza con mucha misa, pero no la religión atea que proponen los Castro, que le es ajena.

Si miramos el panorama un poco más alejados se ve más claro lo que está ocurriendo. En los propios países occidentales el altruismo socialdemócrata del reparto político ha dominado el pensamiento social. Lo que llaman capitalismo es el remanente de independencia individual, descontados grandes impuestos para hacer "el bien". Este es, entre todos los intentos de paraíso en la tierra, el que pretende ser menos violento porque deja que la gente opine. De cualquier manera los ámbitos de opinión se van reduciendo, en nombre de la "bondad". Esto pasa en las universidades que la restringen apelando a la anti-discriminación y al combate al "discurso de odio"; en fin, un intento de eliminar el pensamiento libre en nombre de la preservación del bien, sin rebatir las ideas incómodas con unos argumentos mejores, sino descalificándolas como "peligrosas". Hay casos de universidades que rechazan la apertura de centros de estudios sobre la economía de mercado financiados por empresas, porque esa sería una visión "interesada". Lo importante son las visiones "desinteresadas". La corrección o incorrección de los razonamientos no importa, sino "moral" del emisor. Interesadas o no las ideas (todas parecen serlo), el lugar para rebatirlas debería ser la universidad. El pensamiento se aplaza por razones extra racionales.

En ese contexto la amenaza que viene de medio oriente se ve cada vez más como religiosa o cultural y no militar e institucional. Si nos gana la irracionalidad, nuestros enemigos también lo serán en su irracionalidad en si y no en sus acciones.

El populismo, sobre todo el latinoamericano, reconoce como una de sus fuentes al marxismo, pero van mucho más allá porque el marxismo no les permitiría subsistir y ha sido completamente refutado en el campo racional. Ni la teoría de la explotación se sostiene, porque el valor no está dado por el trabajo, ni los proletarios se comportaron nunca como Marx pretendía; más que rechazar a su "explotador", no hacen más que tratar de relacionarse con él en búsqueda de una vida mejor. Por lo tanto ahora el populismo se declarará a sí mismo como un cínico aprovechador de todos los resentimientos y debilidades sin el más mínimo análisis acerca de si se justifican. Vendrían a ser los populistas los teóricos últimos de la práctica nacional socialista de Hitler, un gran explotador de todos los resentimientos para convertirlos en poder político omnímodo, dividiendo a la sociedad. Pero esos populistas no lo hacen en búsqueda de un orden mejor que se sostenga en una teoría como la de la explotación, sino para establecer un vínculo de poder ilimitado y tribal entre un líder y los resentidos, contra todos los demás.

El papa va en la misma línea y, aún a riesgo de que su posición pueda ser considerada panteísta, incorpora los prejuicios más izquierdistas sobre el ecología y se une a Fidel Castro en los reclamos, sin que importe para nada que Cuba sea un lugar espantoso como medio ambiente humano. Su mensaje es "dejen las ideas", únanse a un líder pero no a uno de este mundo, sino más arriba, uno que yo mismo represento. Sin pensar, sólo por amor. Pero no lo dice en términos espirituales, sino operando directo sobre el sistema político, mientras está en juego la libertad y el poder, pretende cambiar el eje hacia el amor, ese amor, universal, a la humanidad o al hombre en abstracto, que permite, o incluso invita, a olvidar al hombre disidente en concreto que se le quiere acercar para encontrar consuelo ante la persecución de los ateos buenos.

La conclusión es que el capitalismo como racionalidad individual, productora, con fines abiertos, no pudo ser respondido en el plano racional. Asistimos a la alianza de todas las irracionalidades y al simple reemplazo de la libertad por un orden benigno, tan benigno como lo fue la Inquisición. Sabemos como termina esto, el que no quiera ser bueno, se verá en problemas.

STAR WARS

Macri y el lado oscuro de la fuerza

Este artículo no contiene spoilers sobre Star Wars, sí sobre la Argentina, una película que ya vi varias veces. Voy a analizar las implicancias del episodio del envío de los jueces en comisión a la Corte, en la definición del tipo de poder y de gobierno que será el de Macri. Pero primero necesitamos hacer un poco de memoria.

En el 2003 cuando todos estaban encantados con l a "construcción de poder" de Nestor Kirchner, el pingüino entretuvo a su audiencia políticamente correcta con un decreto que lleva el número 222 de ese año. No se si alguien más lo criticó, en mi caso lo hice con todos los medios a mi alcance. No porque sea adivino, simplemente me atuve entonces y me atengo ahora, al manual de instrucciones de una república, no solo en lo que tiene de reglamentario, sino en su espíritu. También soy consciente de que la república platónica no es compatible con la república liberal, esto quiere decir que no es cuestión de tener prohombres a cargo, sino de tener libertad. Así funciona una república liberal con división de poderes.

Distribuir el poder entre sabios no tiene ningún sentido, lo que hay que hacer con ellos es permitirles tomar todas las decisiones por nosotros. Guiarnos hacia el Gran Puerto que solo ellos ven.

En la etapa de civilización de la república liberal se aprendió que eso es una falacia. Por lo tanto los jueces tienen que saber de derecho únicamente para defender la libertad. Los jueces que saben de "derecho" para defender al estado, son inaceptables aunque se hubieran sacado 10 y tengan colecciones de medallas de oro.

Claro que me van a decir que no todos comparten ese ideal de libertad y república. Correcto, lo estúpido es hacer como que ni siquiera existiera el dilema, al menos para que nos enteremos de que estamos eligiendo amos bien formados, en lugar de taparlo todo con un mando de curriculums, en nombre de una "independencia del poder judicial" que no tendría sentido alguno. Eso nos permitiría entrar en el debate acerca de para qué se necesita división de poderes en un gobierno de gente que sabe hasta cómo debe cotizar el dólar o cree que inventar un derecho a una heladera es gratis, porque las heladeras están ahí, provistas por la naturaleza.

Ya voy a llegar a Macri y al lado oscuro si me tienen paciencia, pero es necesario ordenar algunas cosas primero.

El decreto 222 era la promesa a los Carrió, Oyhanarte, Sabsay, de los Beliz/Kirchner de que se iba a voltear a una Corte de gente sin buenas notas, por otra de medallas de oro. Justo lo que consume la república platónica con gran provecho para el lado oscuro que se muere de risa mientras lo alimentan. El decreto 222 fue un medio para tapar la naturaleza de verdadero crimen contra la república, del acto de deshacerse de una Corte que pensaba defender el derecho de propiedad en la cuestión del *corralito* y que, como sus antecesoras, había considerado cumplidos los efectos de las llamadas leyes de obediencia debida y punto final de Alfonsín. Que, por lo tanto, los casos que habían sido resueltos en base a ellas no eran revisables.

Pero cómo iba yo a convencer de este engaño a Carrió y compañía, si la república platónica también estaba encantada con hacer posible la causa de los "derechos humanos" (concepto que incluye cualquier cosa a esta altura del partido), que era una justicia tan platónica que justificaba cualquier tipo de medio. Nuestro Palpatine no tenía ni un pelo de zonzo, sabía que los conducía directo a convalidar sus propósitos meramente criminales. Sin el platonismo Jedi no hay Imperio.

El decreto 222 representa por lo tanto la lucha del bien contra el mal, donde el bien está siendo conducido por el mal y se olvida de que la cuestión de los medios utilizados es un gran indicio de cuál es el fin. Un bien ajeno por completo al propósito de una república liberal, cuyo valor es la libertad y que requiere independencia judicial mucho más que sabiduría técnica de un derecho que pueda responder a cualquier filosofía.

Pero como Palpatine no tenía suficiente, se rió aún más de los Jedi con malos libros. Hablaban de espíritu republicano porque el presidente se auto limitara, lo que equivale a decir voy a ser bueno; esto es, la comprobación de que no responde a ningún límite sino a sí mismo. Dicho de otra forma, el carácter de "auto", excluye el concepto republicano de "límite". Tan sencillo de entender y tan fácil de tapar en el medio del platonismo donde lo que prima es la "virtud" y no el contrapeso. Límite es que el presidente no pueda, no que no quiera.

Pero ni siquiera respetó eso, con la complicidad de su lugarteniente Jedi Beliz ignoró por completo las objeciones que se presentaron a varios de sus candidatos. En lugar de abrir una instancia de comprobación o discusión sobre las tachas a los aspirantes, las compensó a su modo con otras cartas que hablaran bien de ellos mandadas por sus lacayos. Una farsa completa.

Los Jedi platónicos tan encantados con su dictadura buena y tan comprometidos con ella, hasta el día de hoy siguen diciendo que Kirhcner armó una Corte "de lujo" y los que ya sienten un poco de vergüenza de decirlo, siguen enarbolando el decreto 222 como si representara la quintaesencia del nombramiento republicano de jueces. A ver, muestren sus notas, a eso se reduce para ellos el republicanismo, así les cambiaron a Reposo por Gils Carbó, pero una ley de la vida dice: nunca aprenderán. Ahora viene Macri.

El presidente Macri decidió suspender la jura de sus candidatos a ministros de la Corte enviados "en comisión" y someter los pliegos al procedimiento de esa estafa con forma de decreto 222, con la anuencia de los Jedi que siguen trabajando para el lado oscuro de la fuerza sin enterarse. Después de muchos años se dieron cuenta de que Palpatine era Darth Sidious, pero no se enteran de la diferencia entre el imperio y la república.

El problema no es la falta de uso del decreto 222, sino la violación a la independencia del Poder Judicial designando jueces sin control del senado, no sin auto control y excelencia académica (tantas veces sinónimo de capacidad de codazo). Después vendrá mi propuesta sobre el verdadero lado bueno de la fuerza, no representado ni por Palpatine, ni por los Jedi de la virtud platónica. Star Wars debió enseñarnos que ambas cosas nos llevan al mismo lugar, pero no ocurrió aún.

En el tercer día de su mandato Mauricio Macri envió en comisión a estos dos jueces a la Corte por decreto, invocando al lado oscuro en nombre del lado bueno creyendo que con eso heredaría un poco de la impunidad de Kirchner. Terminó cediendo en nombre de ese lado bueno que es completamente funcional al lado oscuro. Lo fundamental es que se equivocó acerca de cuál es la fuerza que tiene disponible y que de verdad termina con el lado oscuro. De eso se trata este artículo, pero viene un poco más adelante.

El primer error es interpretar la Constitución despojada por completo de su sistema de valores. Este sistema no tiene que ver con el bien en estado puro como pretenden los Jedi, que es la antesala del mal en estado puro. Se trata de una superación secular de toda épica y la consagración de la libertad mediante el límite al poder.

Muchos liberales incluso se hicieron Jedi. Algunos hace rato, otros van entrando, candidatos a ser atraídos por Palpatine. Entonces como se trataba del Luke Skywalker de los globos amarillos, se metieron en la guerra épica olvidando el objetivo. Algunos puntitos para resumir lo ya escrito en *No me parece* (www.josebenegas.com) al respecto.

El artículo 99, inc 19 de la Constitución habla de la facultad del presidente de nombrar a los empleados que requieran acuerdo del senado en comisión, si el Congreso estuviera en receso.

Los jueces de la Corte se designan a propuesta del presidente, con acuerdo del senado.

Listo, dijeron los Jedi, incluida la mayoría de los liberales que conozco, la causa del bien tiene como continuar. Luke puede es sinónimo de Luke debe, máxime cuando seguro esta operación es para parar algún ataque del imperio. "Siento vuestro odio" parecía decir Darth Sidious mientras les hacía comer su manzana brillante (perdón por mezclar otro cuento).

El silogismo está mal construido porque olvida premisas, pero lo peor de todo es que todos esos liberales embriagados por la épica del momento, estarían dispuestos a apoyar sin juicio crítico a una Constitución en la que los jueces pudieran ser nombrados a gusto y placer por un año por el poder ejecutivo. En el caso de los no liberales este universo de apoyos estaba constituido por adoradores del decreto 222 y de los jueces en comisión al mismo tiempo.

Don Sidious tenía mucho contenido platónico para encantar. Por ejemplo, las peores costumbres de la vida constitucional norteamericana, como el New Deal y las aberraciones hechas por Roosevelt en la justicia para imponerlo. Al final ¿tenían razón los que decían "todos somos keynesianos"?

Contaba también con la anuencia de muchos "constitucionalistas", entre cuyas páginas se pueden encontrar diatribas contra el concepto de derecho de propiedad y convalidación a todo tipo de actos que se dan de patadas con la supremacía de la libertad individual. Pero en estos casos la falacia de autoridad funciona. Es la invocación a la doctrina sin juicio crítico. La doctrina sin juicio crítico por si sola no vale nada. No van a encontrar "constitucionalistas" que hayan escrito contra el decreto 222, casi no hay que protestaran por el modo en que se echó a la Corte que había en el 2003 (incluso la llamarán "menemista" como indicación de que no existe el problema), salvo los que directamente actuaban como defensores.

Salvado eso, las premisas que le faltan al silogismo son la filosofía republicana liberal que hay detrás de todo el sistema constitucional, el concepto de independencia del poder judicial y el carácter vitalicio de la función mientras dure la buena conducta. Esto es ahora hasta los 75 años.

La Constitución no es un manual de instrucciones de una licuadora, sino de un proyecto político. No es que sea bueno que sea así, sino que es así, funciona así, prescribe así; en ese solo sentido. Lo opuesto es ilegal, para los que se preguntaban por la legalidad. La legalidad empieza por la constitución tal cuál es, no vaciada de valores. Tampoco se la puede interpretar en una parte aislada, sin considerar el conjunto. No se puede suponer que se contradice, debe integrarse hasta para conocer el sentido de sus palabras. No es el diccionario nada más lo que permite suponer qué quiere decir "empleados", es el sistema como un todo. El contexto da sentido incluso a las acepciones del diccionario.

Para los liberales va esta línea: si se la pudiera interpretar de otra forma, deberíamos derogarla o inclusive desobedecerla. Me sorprende en la trampa que los hizo caer Sidious a muchos.

Las interpretaciones de googleadores llegaron a decir que el artículo 110 de la Constitución confirmaba la cónstitucionalidad de la medida. El artículo en cuestión dice lo siguiente:

"Los jueces de la Corte Suprema y de los tribunales inferiores de la Nación conservarán sus empleos mientras dure su buena conducta, y recibirán por sus servicios una compensación que determinará la ley, y que no podrá ser disminuida en manera alguna, mientras permaneciesen en sus funciones".

Dice "empleos" y se quedaron felices. Eso quiere decir que el inciso 19 del artículo 99 cuando se refiere a los cargos que puede llenar el presidente de esa forma, incluye a estos "empleados".

Primero la lógica. Es perfectamente coherente con el sistema en sí que el presidente pueda resolver la cuestión de los embajadores, por ejemplo, durante el receso y de modo provisorio. El carácter de empleado es el de empleado a su cargo, a sus órdenes. Choca mucho en cambio con ese sistema de valores que esos empleados sean los mismos que tienen un "empleo" en el artículo principal que define la independencia del Poder Judicial. Daría lugar a alguna duda el presidente del Banco Central, pero dejemos eso porque el Banco Central en sí es un engendro constitucional que no vamos a desentrañar ahora.

Segundo la historia: Se hizo en los Estados Unidos a partir de un momento nefasto de su vida Constitucional, se rompió una barrera y ellos todavía no tuvieron a Sidious (bueno, eso no se). En la Argentina se usó después de Pavón y lo usó Alfonsín que tenía una corte completa sin acuerdo. También desde la perspectiva histórica tenemos que entender que en 1853 reunir al Congreso en extraordinarias llevaba meses, hoy es casi inmediato. Necesariamente tiene el procedimiento de la comisión para todos los casos un sentido de urgencia.

Tercero. Las interpretaciones flexibles son posibles, están en armonía con la Constitución, pero para salvaguardar sus valores, no para apartarse de ella o facilitarle los propósitos al gobierno, por más que sea el de Skywalker. Si mañana cae un meteorito y nos quedamos sin Corte, nombrar jueces provisorios en comisión parece ser una salida razonable, que es mejor que la única alternativa posible que es no tener Corte. La flexibilidad debe ser pro constitucional, no para salteársela.

Cuarto, la propia letra del artículo 110. En armonía con lo anterior, dispone el carácter vitalicio del "empleo" (ahora hasta los 75 años). Los jueces en comisión no tienen ese resguardo, carecen de la misma independencia que los demás. Pueden durar un año, pueden ser rechazados por el senado por las razones más diversas y además dependen de la voluntad del presidente de mantener su nominación y para sostener que no habría que abrir una gran discusión. Están a tiro de ambos poderes competitivos de su función. Repito, no es que esto "no estaría bien", es que es contrario a la Constitución como lo que es, un todo con un proyecto político determinado.

En abril de este año la Corte rechazó la lista de conjueces elaborada por el gobierno del imperio, entendiendo que el acuerdo del senado era una garantía fundamental de independencia que tenían los ciudadanos. Lo mismo cabe decir en este caso. Los conjueces sólo pueden ser jueces que ya tengan acuerdo para otros cargos, porque eso indica que no pueden perder los cargos que ya tenían por el contenido políticamente inconveniente de algún voto. Están libres de la represalia.

Quinto, las consecuencias. Lo que unos hacen de Jedi los otros lo hacen de Sith, tan sencillo como eso. Voy a adelantarme a definir al lado bueno de la fuerza en el sentido de que las cosas están bien hechas o mal hechas, no en función de que las hagan los buenos o los malos o con buenas o malas intenciones. Esa es también la clave de la fuerza de ese lado. Una fuerza completamente diferente en su esencia. A partir de este acto lamentaremos eternamente tener otro gobierno como el anterior dispuesto a usar esta nueva "alternativa" que se le presentará gracias al ejercito Jedi ¿Imaginan lo que será eso?

El populismo consiste en sacrificar el largo plazo en función del corto. Sidious les hizo pisar el palito, están muy cerca de vestirse de negro.

Sexto: Jueces no comprometidos con la libertad individual, máxime saliendo de un despotismo brutal, no vale la pena nombrar bajo ningún procedimiento.

Si fuera presidente bajo ningún concepto propondría un juez que no sea estrictamente liberal. No porque con eso responda a mi criterio, sino porque es el modo de no responder a ningún criterio. Cualquier contenido acerca de cosas que deben imponerse desde el poder, cualquier contenido socialista, hace que un juez falle en su propio favor y en favor del estado y no en el de justicia de la solución. No hay vía intermedia posible en este asunto, lamento informarlo.

Ahora si, lo prometido.

Macri y el lado bueno de la fuerza

Varios artículos periodísticos coinciden en que Macri había procedido de este modo para "demostrar" o "construir" poder y afianzar su "gobernabilidad". Lado oscuro de la fuerza en su máxima expresión. En mi libro "**<u>10 Ideas falsas que favorecen al despotismo. Las dictaduras del siglo XXI en las mentes de sus víctimas</u>**" explico la falacia de la "gobernabilidad" y por qué responde a una valoración anti republicana. Esa vía conduce al poder de Dark Sidious, no al de Skywalker. A este último lo debilita.

Este fue el modo en que Kirchner se hizo poderoso. A todos los políticamente correctos de entonces que se fumaban el 222 y entraban en éxtasis les pareció fantástico. Porque Kirchner para ellos era el vengador, el bueno luchando contra los malos menemistas. Construir poder era demostrar capacidad y falta de escrúpulos para aplastar y disciplinar a los demás. Pero como los demás eran malos (del ejército rebelde), estaba bien.

Dejemos de lado el problema ético y pensémoslo un momento desde el punto de vista de Macri como candidato a super poderoso, si eso es lo que se propone. Un consejo que le daría Maquiavelo es que no intente ser lo que no es. Macri no puede ser Kirhcner, no está dispuesto a redoblar la apuesta ni a romper todo para imponer su voluntad. Para nosotros si lo hiciera se convertiría en otro enemigo más, pero mi argumento acá es que no va a acrecentar su poder así sino a quedar en ridículo. La prueba es que pospuso los juramentos de los nuevos jueces en función del estúpido decreto 222. Lo doblegaron, pero no lo doblegaron de un modo en que se fortalezca volviendo al lado bueno de la fuerza, simplemente lo recondujeron hacia el lado oscuro bajo la forma Jedi platónica, por la que se nombran jueces buenos aunque sean socialistas y el poder limitado se define como auto limitado. La cama tendida por Sidious otra vez. Se quedó sin el triunfo a lo Kirchner y sin la recuperación de la fuerza que da la Constitución en sí.

El error político también lo comenté en *No me parece*. Ahora quiero ir un poco más a fondo a modo de propuesta.

El tipo de fuerza del lado bueno es completamente diferente, no simplemente opuesta a la del lado oscuro. Consiste en la fuerza de la regla justa. El *rule of law* o estado de derecho obedece al principio de que hay algo que corresponde o no corresponde con independencia de la virtud del que decide, por encima de él; hay algo que nos es propio y algo que le es propio a los demás. Es la consagración del valor justicia en un sentido humano. No como la Verdad que conoce el filósofo rey de Platón, sino la propiedad privada, la libertad contractual, el orden jurídico interpretado racionalmente a través de la interacción social. Para ser más sencillo: la fuerza utilizada en modo defensivo. Ese poder no solo es "bueno" en un sentido real, sino que es mucho más poderoso que el del lado oscuro. El problema es que se lo suele renunciar.

La primera cosa que debilita al lado bueno de la fuerza que le serviría a Macri para ganar todas las pulseadas es la tentación del lado oscuro. Esta barbaridad que se acaba de mandar con los jueces en comisión lo ponen a buscar un poder de déspota que ni siquiera se ajusta a él. Luke se da cuenta de que si se deja llevar lo que tiene es una ilusión de poder, porque en realidad se está entregando a los fines de Sidious y poniéndose bajo su mando.

La segunda cosa es el canto de sirena del lado malo de la fuerza que consiste en tratar de criminal al lado bueno, bajo la forma de la demonización del derecho de defensa. La voluntad de controlar la criminalidad, es decir usar el lado bueno de la fuerza contra el oscuro, dado que definitivamente lo vence. O la de cerrar los medios fascistas usados por el gobierno anterior para disciplinar a la sociedad. O de hacer justicia con los grandes criminales para nos ser acusado por los del lado oscuro de "vengativo".

La tercera cosa son los Jedi platónicos. Esos están todo el tiempo creando "obligaciones" que controlan el uso justo de la fuerza o lo hacen ver como agresivo y lo embarcan en cruzadas inútiles, aún cuando en los momentos críticos no distinguen el bien del mal. Están demasiado extasiados calificando de buenos y malos a los demás y poniéndose a sí mismos por encima.

Macri puede perfectamente llevar adelante sus batallas siguiendo el sentido constitucional. Esto es válido para la economía y para la política. Las estratagemas que usó Kirchner no le sirven para nada. Su economía se hará fuerte y poderosa si no la quiere conducir ni como policía malo ni como policía bueno. Su gobierno se hará fuerte si no quiere comprarle al lado oscuro unos resortes que no necesita y se apoya en el valor que hace fuerte a los gobiernos republicanos, que es la justicia. Justicia que va más allá de la función judicial específica, todo su gobierno puede adquirir la fuerza de hacer lo que el tipo de legalidad republicana hace que es dar a cada uno lo suyo.

Esto no tiene que ser interpretado en el sentido de *pulcrismo*, que es esa manía de sacrificar lo posible en función de lo imposible. El caso del que para escapar del campo de concentración soborna al guardia, lo que está perfectamente justificado dadas las alternativas. El *pulcrismo* actúa como si el ideal estuviera disponible en todo momento y no hubiera que sacrificar nunca nada para lograrlo. Si la alternativa es permanecer en el campo de concentración o el soborno, la respuesta es clara. Lo que no es válido es falsear las emergencias y suponer porque sí que si alguien pisotea la constitución está por ese solo hecho salvándonos de algún fantasma.

No es una propuesta para evitar las aproximaciones sucesivas cuando sean necesarias. Ningún criterio general nos exime de hacer el juicio particular ni mucho menos de equivocarnos al hacerlo. Lo que postulo es que el poder de la maldad por maldad es el camino equivocado. Tienen que obedecerme porque soy malo como hacía Kirchner con gran eficacia, lo llevaría a su destrucción y él será el recordado como el representante del mal en la historia. Con más razón si lo hace para después ser bueno. El ABC de la épica de Star Wars.

Así como se puede usar el nombramiento en Comisión para la Corte en casos en que no vale la pena preocuparse por otra cosa, como por ejemplo que nos quedemos sin Corte de un día para el otro, no siempre el lado bueno tiene a su disposición una vía ideal. De lo que se trata es no confundir el uso de la emergencia, con la utilidad de la emergencia para imponerse. Esa sería la victoria de Sidious. Entiéndase bien, no hablo sólo de la victoria moral, sino de la victoria política.

Que la fuerza lo acompañe don Mauricio.

Otros libros del autor

Hagase tu voluntad. Bajar del cielo para conseguir un cargador de iPhone (Unión Editorial, 2015)

10 Ideas falsas que favorecen al despotismo. El socialismo del siglo XXI en las mentes de sus víctimas

Seamos Libres. Apuntes para volver a vivir en libertad (Unión Editorial, 2013)

La moral del violador. La ética del atraco como práctica política (Galileiland, 2014)

No me Parece. Los últimos meses de furia (Galileiland, 2014)

Escandalosa historia de amor (novela ética – Galileiland, 2013)

José Benegas en Twitter: @josebenegas

Jose Benegas en Facebook:

https://www.facebook.com/JoseBenegas.Escritor/

https://www.facebook.com/josebenegastalks/

Podcast: **http://www.josebenegastalks.com/**

i http://josebenegas.com/2014/07/19/el-falso-argumento-del-estado-de-bienestar-para-restringir-la-inmigracion/

www.ingramcontent.com/pod-product-compliance
Lightning Source LLC
Chambersburg PA
CBHW050443290526
45786CB00006B/2141